Sei digital!
Mehr Digitalisierung bitte

2. Auflage Januar 2025

ISBN 9798857165553

Mehr digital bitte ...

„Wer sich nicht digitalisiert, wird ausgeknockt" (Wladimir Klitschko, ehemaliger Schwergewicht-Box-Weltmeister)

„Software wird die Welt fressen" (Marc Andreesen, Mitgründer von Netscape, Aussage von 1994)

> „Alles, was vernetzt werden kann, wird vernetzt!"

> „Alles, was digitalisiert werden kann, wird digitalisiert!"

> „Alles, was nicht digitalisiert werden kann, wird wertvoller!"

Seit Jahrzehnten erleben wir einen intensiven digitalen Wandel, bei dem wir drei Kernaussagen beobachten können: Alles wird (1) digital vernetzt und (2) digitalisiert - im Sinne von kommunikationsfähig, automatisiert und Daten verarbeitend. Im Privaten stimmt dies auch, doch in den Firmen schlummern hier noch enorme Potentiale. Dies zu heben möchte dieser kleine Ratgeber unterstützten. Und ja, die (3) Kernaussage wird oft vergessen: Alles, was nicht digitalisiert werden kann, wird wertvoller. Dazu zählen kritisches sowie disruptives Denken, Intuition, Verantwortung u.v.a.

... halte dabei die Übersicht,

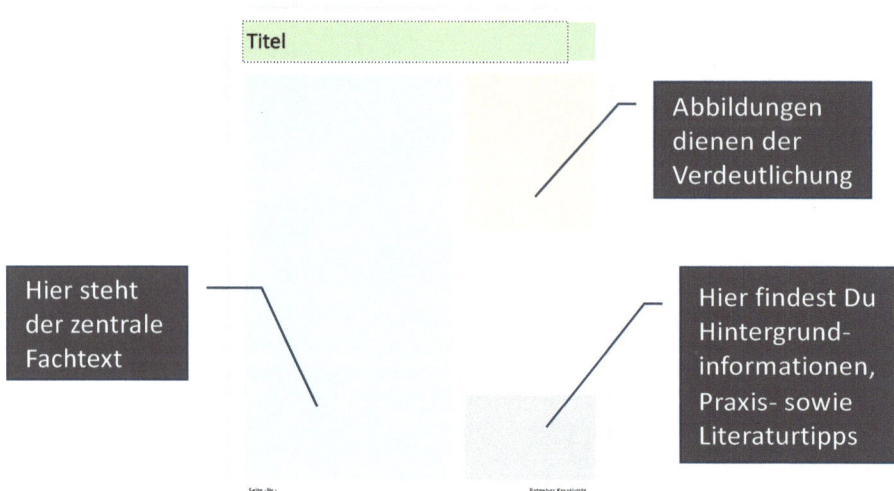

Titel

Abbildungen dienen der Verdeutlichung

Hier steht der zentrale Fachtext

Hier findest Du Hintergrund-informationen, Praxis- sowie Literaturtipps

Dieser kleine Ratgeber ist ganz einfach aufgebaut: Jede Seite besteht aus einem zentralen Fachtext mit unterstützenden Abbildungen, Hintergrund-informationen sowie Praxis- und Literaturtipps. So gewinnt der Leser schnell einen guten Überblick über die Möglichkeiten der Digitalisierung, ihre zentralen Vorteile und mögliche Anwendungsfelder. Da gilt dann nur noch: Einfach mal ausprobieren!

Im vorliegenden Ratgeber wurde bewusst die Du-Form gewählt, um eine persönlichere und zugänglichere Ansprache zu ermöglichen. Zudem gibt es keine gender-spezifischen Formulierungen, vielmehr werden alle Ge-schlechter gleichermaßen angesprochen.

… und vertiefe diese Themen:

1. Vernetze Deine Organisation
2. Nutze Deine Daten
3. Automatisiere Deine Prozesse
4. Drucke Deine Produkte
5. Es lebe die Blockchain
6. Offeriere digitale Realitäten
7. Transformiere Deine Organisation

Sieben Anwendungsfelder zur Digitalisierung für alle möglichen Organisationen (egal ob Firma, Team oder NGO) – das ist der Inhalt dieses Ratgebers. Und diese sieben Themenfelder zielen vor allem auf Eines: Betrachte digitale Technologien nicht nur als Basis für Automatisierung, Effizienzsteigerung und Kosten- reduktion, sondern vor allem als Ausgangspunkt für neue Leistungen und Mehrwerte gegenüber deinen Kunden und Nutzern. Denn digitale Technologien können nicht nur vorhandene Prozesse optimieren, sie erlauben neue Möglich- keiten zur Vernetzung, zur Nutzung von Daten, zur Abwicklung von Transaktionen und zu neuen digital-orientierten Geschäfts- modellen - ganz im Sinne eines „Think outside the box".

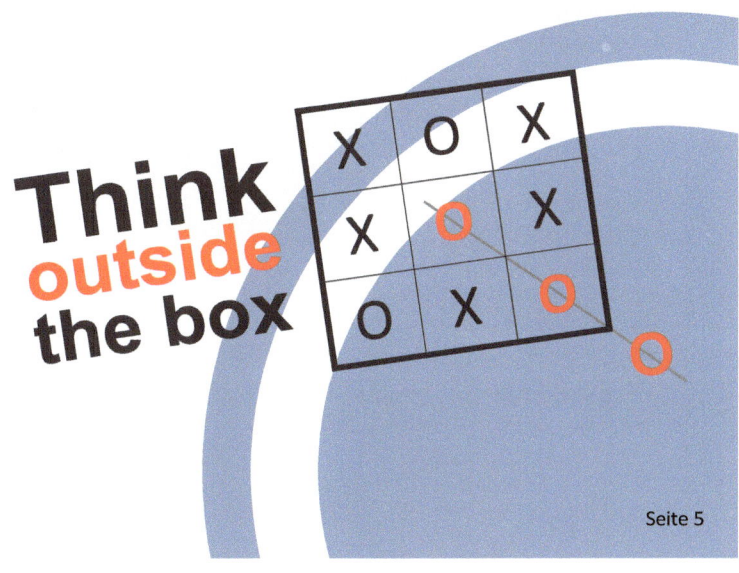

Vernetze Menschen

Die digitale Vernetzung von Menschen hat in den letzten Jahren eine enorme Entwicklung durchlaufen und ist zu einem integralen Bestandteil unseres Alltags geworden. Durch die Fortschritte in der Informationstechnologie, den Aufstieg des Internets und digitaler Plattformen haben sich die Möglichkeiten zur Vernetzung und Kommunikation enorm erweitert, wie beispielweise:

1. **Soziale Medien:** Plattformen wie Facebook, X (ex: Twitter), Instagram und LinkedIn haben Millionen von Menschen weltweit miteinander verbunden. Sie ermöglichen es den Menschen, sich online zu vernetzen, Freundschaften zu knüpfen, Informationen auszutauschen und an Diskussionen teilzunehmen.

2. **Instant Messaging und Videoanrufe:** Dienste wie WhatsApp, Instagramm, Skype/Teams und FaceTime haben die Kommunikation revolutioniert, indem sie Menschen in Echtzeit miteinander verbinden. Jetzt können wir sofortige Nachrichten senden, Sprachnachrichten austauschen und Videoanrufe mit Menschen auf der ganzen Welt führen.

3. **Online-Communities:** Es gibt viele private, berufliche aber auch firmeninterne Online-Communities und Foren zu nahezu jedem Interessensgebiet. Ihre Teilnehmer tauschen sich in diesen Gemeinschaften aus, stellen Fragen, geben Ratschläge und teilen ihre Erfahrungen.

Sogwirkung im Marketing

Sozialer Medien und Communities ermöglichen Firmen den Effekt des Pull-Marketings. Hier werden die Kunden dank einem überzeugenden "Content" quasi von sich aus zum Leistungsangebot „hingezogen". Demgegenüber seht das Push-Marketing, bei dem z.B. dank Werbung und Vertrieb ein Angebot an die Kunden „hingestoßen" wird. Der Rat-geber „Sei kompetitiv – Wettbewerbsfähigkeit heute" geht auf die Sogwirkungen des Marketings ein.

digitale Vernetzung

Reichweite (Stand 1/22)

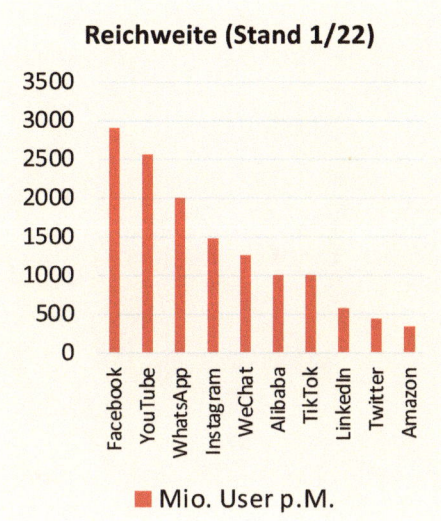

Mio. User p.M.

Auch im B2B Sektor!

Immer mehr Industrie- und Dienst-
leistungsunternehmen vernetzen sich
in der Zwischenzeit mit ihren Business-
to-Business (b2b) Geschäftskunden,
Lieferanten und vor allem Bewerbern
über soziale Medien, mit ihren Mitarbeitern im Homeoffice bzw. im Ausland
über Online-Communities.

4. **Crowdsourcing:** Auf Plattformen wie
Kickstarter, Indiegogo und GoFund-
Me präsentieren Startups Ideen und
Projekte, um finanzielle Unterstüt-
zung von der Online-Gemeinschaft zu
erhalten. Dies hilft Gründern, ihre
Kreativität zu verwirklichen und
Projekte zu realisieren, die sie ohne
die Unterstützung anderer eventuell
nicht hätten umsetzen können.

5. **Berufliche Vernetzung:** Plattformen
wie LinkedIn oder XING haben die Art
und Weise, wie Menschen nach
Arbeitsmöglichkeiten suchen und
sich beruflich vernetzen, grund-
legend verändert. Fachleute finden
ein Medium, ihr berufliches Profil zu
präsentieren, Kontakte zu knüpfen,
Jobangebote zu finden und bran-
chenspezifische Informationen auszutauschen.

6. **E-Learning und Online-Kurse:** Die
Vernetzung von Menschen hat auch
das Lernen revolutioniert. Dienste
wie Coursera, Udemy und edX bieten
Online-Kurse zu einer Vielzahl von
Themen an, die von Experten auf der
ganzen Welt unterrichtet werden.
Dadurch können Interessierte unabhängig von ihrem Standort auf hoch-
wertige Bildungsinhalte zugreifen
und sich mit anderen Lernenden
austauschen.

7. **Gaming und Unterhaltung:** Online-
Gaming-Plattformen wie Fortnite,
Steam, Origin, GOG und Uplay ver-
netzen Spieler weltweit miteinander.

Vernetze Menschen / Maschinen

Auch die Vernetzung zwischen Menschen und Maschinen hat einen enormen Einfluss auf unser tägliches Leben. Durch die Integration von intelligenten Geräten und Systemen in den Alltag haben wir neue Möglichkeiten, effizienter zu arbeiten, den Komfort zu steigern und sogar unsere Gesundheit und Sicherheit zu verbessern. Hier eine kleine Übersicht an Beispielen:

1. E-Commerce und Online-Shopping:
Die Vernetzung von Menschen und Maschinen hat den E-Commerce-Markt stark vorangetrieben. Über Anbieter wie Amazon, Zalando, Otto oder Auto1 können wir jetzt online einkaufen, Bestellungen verfolgen und Produkte von überall und zu jeder Zeit kaufen bzw. verkaufen. Dabei werden intelligente Algorithmen und maschinelles Lernen verwendet, um personalisierte Empfehlungen zu geben und das Einkaufserlebnis zu optimieren.

2. Finanzwesen: Über Online-Banking, mobile Zahlungen und Finanz-Apps können Menschen ihre Finanzen über das Internet verwalten und Transaktionen durchführen.

3. Wearable-Geräte: Fitness-Tracker, Smartwatches und andere tragbare Geräte sind eng mit unseren Smartphones etc. verbunden. Sie können unsere körperlichen Aktivitäten, den Schlaf, den Herzschlag und andere Gesundheitsdaten überwachen.

e2e Digitalisierung

Unter der e2e Digitalisierung versteht man die durchgehende Digitalisierung aller Prozesse vom Ende zum Ende - also vom Kunden zum Kunden! Dies beinhaltet nicht nur eine nahtlose und effiziente Automatisierung und Interaktion zwischen Firmen und Kunden, sondern auch eine ganzheitliche Betrachtung aller Kundenbedürfnisse über die gesamte Wertschöpfungskette hinweg (sog. Customer Journey).

Cloud Computing

Cloud Computing bezieht sich auf die Bereitstellung von Rechenressourcen wie Speicher, Rechenleistung, Netzwerke und Software durch zentrale Dienstleister, wodurch Benutzer flexibel auf diese Ressourcen zugreifen und sie nach Bedarf skalieren können, ohne selbst physische Infrastruktur vor Ort zu besitzen oder zu warten. Dies erlaubt es Organisationen und Einzelpersonen, kosteneffizienter zu arbeiten und schnell auf sich ändernde Anforderungen zu reagieren

Edge Computing

Der Gegentrend heißt Edge Computing, mit der Verarbeitung von Daten nahe an der Quelle, z.B. in IoT-Geräten oder lokalen Servern. Ziel dieser dezentralen Datenverarbeitung am Rand des Netzwerks (engl. „edge" steht für Rand oder Kante) ist die Reduktion der Latenz, also jener Zeitspanne, die benötigt wird, um ein bestimmtes Signal von einem Punkt zum anderen zu übertragen.

4. **Software as a Service:** Viele digitale Anwendungen (wie Microsoft 365, Gmail, Google Maps, Dropbox, Zoom, Spiele etc.) werden gar nicht mehr auf unseren Computern gespeichert, sondern über Cloud Computing zur Verfügung gestellt.

5. **Smart Homes:** Die Vernetzung von Haushaltsgeräten, Beleuchtung, Sicherheitssystemen und Heizung / Klimaanlage erlaubt es, unser Zuhause über Smartphones oder Sprachassistenten wie Amazon Echo oder Google Home zu steuern. Die Beleuchtung lässt sich einschalten, Temperaturen regeln, Türschlösser ferngesteuert verriegeln und wir überwachen, wer vor der Haustür steht. Dadurch wird unser Zuhause komfortabler, sicherer und energieeffizienter.

6. **Connected Cars:** Vernetzte Fahrzeuge ermöglichen eine nahtlose Integration diverser Technologien in das Fahrerlebnis. Beispiele sind Navigationssysteme, Musik- oder Podcast-Streaming, automatische Unfallbenachrichtigung und die Überwachung von Fahrzeugdiagnoseinformationen.

7. **Telemedizin:** Fernüberwachungssysteme erlauben es Ärzten, medizinische Daten aus der Distanz zu überwachen und Behandlungen anzupassen, was gerade in abgelegenen Gebieten von großem Nutzen ist.

Vernetze Maschinen

Gehen wir einen Schritt weiter zur Vernetzung von Maschinen untereinander, auch als "Machine-to-Machine Communication" (M2M) bekannt. Auch diese führt in vielen Branchen zu bemerkenswerten Fortschritten: Prozesse werden effizienter, Betriebskosten gespart und Kunden bekommen schneller ihre Produkte. Vor allem ist die M2M Vernetzung oft eine Grundlage einer stärkeren Automatisierung:

1. **Industrie 4.0:** In der industriellen Fertigung ermöglicht die Vernetzung von Maschinen einen nahtlosen Informationsfluss zwischen unterschiedlichen Produktionsanlagen, Maschinen und Systemen. Produktionsprozesse lassen sich optimieren, Ausfallzeiten reduzieren und die Energieeffizienz steigern. Maschinen kommunizieren untereinander, um Produktionspläne anzupassen, Wartungsbedarf zu erkennen und mögliche Engpässe zu vermeiden.

2. **Logistik und Lieferkette:** Die Vernetzung von Maschinen in der Logistikbranche verbessert die Effizienz und Genauigkeit von Lieferkettenprozessen. So werden Lagerhäuser mit automatisierten Regalsystemen und Sensoren ausgestattet, um den Lagerbestand zu überwachen und automatisch Nachbestellungen auszulösen. Das Tracking von Sendungen in Echtzeit ermöglicht eine präzise Verfolgung von Waren und eine frühzeitige Erkennung von Engpässen oder Verzögerungen.

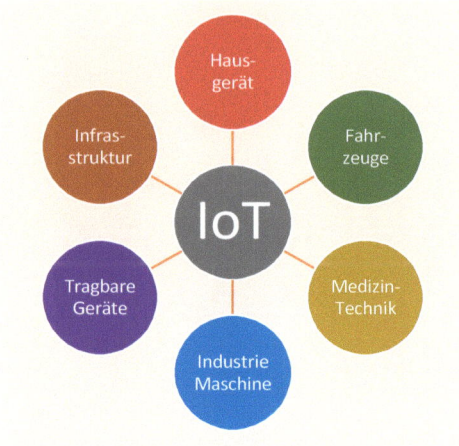

Internet der Dinge

Als Internet of Things (IoT) bezeichnet man vernetzte, sich selbst steuernde (miniaturisierte) Prozessoren und Sensoren. Die Idee baut auf das sog. „Ubiquitous Computing" von Mark Weiser und seiner Vision von 1991 auf, in welcher alle möglichen Objekte mit Sensoren allgegenwärtig (Ubiquität) in die Umgebung integriert sind.

Internet of Everything

Das Internet of Everything (IoE) ist eine erweiterte Form des Internet of Things (IoT), die nicht nur Geräte und Objekte, sondern auch Menschen, Daten und Prozesse in einem umfassenden Netzwerk miteinander verbindet. Diese Vernetzung ermöglicht eine nahtlose Integration und Interaktion zwischen den verschiedenen Elementen, was zu einer enormen Effizienz, Produktivität und Innovation in vielen Bereichen führt.

Vernetzungstechnologien

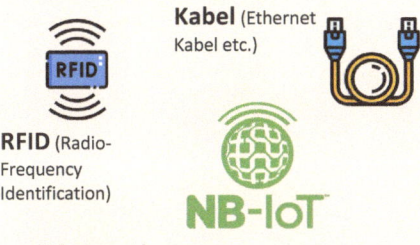

RFID (Radio-Frequency Identification)

Kabel (Ethernet Kabel etc.)

Bluetooth

WLAN (Wireless Local Area Network)

Gateway (Netzwerkknoten verbindet verschiedene Protokolle)

Narrowband IoT (NB-IoT)

Narrowband IoT (NB-IoT) ist ein drahtloser Kommunikationsstandard, der speziell für die Internet of Things (IoT)-Umwelt entwickelt wurde. Schmalbandige Funkwellen nutzen vorhandene Mobilfunknetze, wodurch eine weitreichende Abdeckung und eine kostengünstige Implementierung für eine Vielzahl von Anwendungen wie Smart Metering, Asset Tracking und Umweltüberwachung erreicht werden.

API-Schnittstellen

API-Schnittstellen (Application Programming Interfaces) sind definierte Methoden und Protokolle, die es Anwendungen ermöglichen, miteinander zu kommunizieren und Daten und Funktionen auszutauschen. Entwickler können so auf eine Software zugreifen, ohne deren Arbeitsweise zu kennen.

3. **Smart Grids:** Im Energiesektor werden intelligente Stromnetze eingesetzt, bei denen verschiedene Geräte, wie Stromzähler, Überwachungssysteme und Energieerzeuger miteinander vernetzt sind. Diese Vernetzung ermöglicht eine effiziente Überwachung und Steuerung des Energieverbrauchs, eine optimierte Integration erneuerbarer Energien und eine schnellere Erkennung von Störungen.

4. **Smart Cities**: In Städten können vernetzte Verkehrsleitsysteme den Verkehrsfluss in Echtzeit überwachen und steuern, um Staus zu vermeiden. Intelligente Beleuchtungssysteme passen die Helligkeit anhand von Bewegungssensoren und Wetterbedingungen an, um Energie zu sparen. Vernetzte Abfallentsorgungssystemen führen zu einer effizienteren Routenplanung für Müllfahrzeuge.

5. **Landwirtschaftliche Automatisierung**: Landwirtschaftliche Geräte und Sensoren arbeiten zusammen, um die Bewässerung, Düngung und Schädlingsbekämpfung zu optimieren. Sensoren messen den Feuchtigkeitsgehalt des Bodens und senden Daten an Bewässerungssysteme, um eine bedarfsgerechte Bewässerung zu gewährleisten. Drohnen überwachen Felder und erkennen frühzeitig Anzeichen von Krankheiten oder Schädlingen.

Schaffe Dir den Überblick

Die digitale Vernetzung ist erst die Basis der Digitalisierung. Mit der Nutzung digitaler Daten schaffen wir einen seriösen Überblick / Sichtbarkeit über die Vorgänge innerhalb und außerhalb einer Organisation. Die Fachwelt spricht dabei von einem „digitalen Schatten", der in verschiedenen Bereichen eines Unternehmens dabei hilft, Antworten auf die Frage zu finden, was innerhalb der möglichen Fachbereiche passiert:

1. **Finanzmanagement:** Hier geht es um die Überwachung der finanziellen Gesundheit eines Unternehmens mit Aussagen über Ein- und Ausgaben, Gewinne/Cashflow und Produktivität. Trends und Engpässe können rechtzeitig identifiziert und fundierte Entscheidungsgrundlagen vorbereitet werden.

2. **Vertrieb und Marketing:** Dank Daten über Kundenverhalten, Kaufhistorie, Konversionsraten, Werbeerfolge und Kundenzufriedenheit werden Verkaufs- und Marketingstrategien angepasst und verbessert. Kunden kaufen in der Konsequenz mehr, häufiger oder gar zu höheren Preisen.

3. **Produktion und Logistik:** Durch die Überwachung von Produktionsprozessen, Lagerbeständen, Logistikdaten und Lieferantenleistung wird die Produktivität der Produktion und Lieferketten optimiert, Qualitäten verbessert und Kosten gesenkt.

Business Intelligenz

Business Intelligence behandelt die Extraktion, Transformation und Analyse von strukturierten Daten zur Erstellung von Berichten, Dashboards und Visualisierungen, um Erkenntnisse zu liefern. Typische Methoden sind multidimensionale Datenanalysen dank „Online Analytical Processing (OLAP)" sowie die Verwendung zentraler Sammelpunkte (sog. Data Warehouse), von welchen standardisierte aber auch ad-hoc Abfragen gestartet werden.

Im Modell des „digitalen Schatten" wird beantwortet, was im Unternehmen passiert.

Sichtbarkeit
was geschieht wo?

Big Data

Big Data bezieht sich auf große Mengen von Daten, die aufgrund ihrer Größe, Vielfalt und Geschwindigkeit nicht mit herkömmlichen Datenverarbeitungstechniken effektiv erfasst, verwaltet und analysiert werden können. Während Business Intelligenz eher strukturierte Daten (z.B. Rechnungen, Bestellungen) verarbeitet, kommt Big Data auch mit unstrukturierten Daten (z.B. Bildern, Internetseiten) zurecht.

4. **Personalmanagement:** Ein digitaler Schatten kann Daten über die Mitarbeiterleistung, Anwesenheit, Schulungen, Karriereentwicklung und Mitarbeiterzufriedenheit bereitstellen. Dies ermöglicht es Firmen, ihre Personalressourcen besser zu verwalten, Leistungsengpässe zu identifizieren, Weiterbildungsmaßnahmen zu planen und Mitarbeiterbindung zu fördern.

5. **Kundenservice und Support**: Ziel ist die laufende und korrekte Transparenz über Fehlerquoten, Kundenanfragen, Support-Tickets, Reaktionszeiten und Problemlösungen. Muster werden erkannt, um häufig auftretende Probleme zu identifizieren, die Effizienz des Supportteams zu verbessern und die Kundenerfahrung zu optimieren.

Was passiert aber in der Realität?

Manchen Firmen fehlt der Überblick, wo welche Kosten oder Engpässe entstehen, welche Ineffizienzen, Verluste, Risiken oder gar kriminelle Handlungen stattfinden. Sie treffen Entscheidungen basierend auf oberflächlichen Daten, fehlenden Hintergrundwissen und vor allem ohne den gesamthaften Überblick über ganz unterschiedliche Firmenbereiche.

Gründe für diese Misere sind Datensilos ohne Schnittstellen, proprietäre Insellösungen – aber vor allem verkrustete Organisationen und Egointeressen.

Fördere digitale Zwillinge

Eine besondere Stufe der Sichtbarkeit ist der Einsatz von digitalen Zwillingen. Dabei handelt es sich um eine virtuelle Darstellung eines realen Produkts, einer Anlage oder eines Systems, die alle relevanten Daten und Merkmale enthält. Und Achtung: Digitale Zwillinge sind keine reinen CAD Konstruktionszeichnungen, sondern beinhalten auch die Beschreibung von Fertigungsprozessen und Sammlung von Echtzeitdaten:

1. **Frühzeitige Produktentwicklung:** Der digitale Zwilling erlaubt es Unternehmen, Prototypen virtuell zu testen und zu optimieren, noch bevor physische Prototypen erstellt werden. Dies verkürzt die Entwicklungszeit, reduziert Kosten und minimiert das Risiko von Fehlern.

2. **Verbesserte Wartung und Instandhaltung**: Die kontinuierliche Erfassung und Analyse von Echtzeitdaten aus dem digitalen Zwilling eröffnet es Firmen, den Zustand ihrer Anlagen oder Produkte besser zu überwachen, mögliche Probleme frühzeitig zu erkennen und geplante Wartungsmaßnahmen zu optimieren, um Ausfallzeiten zu minimieren.

3. **Effiziente Ressourcennutzung**: Der digitale Zwilling ermöglicht es, die Leistung und Effizienz von Produktionsanlagen oder Prozessen zu optimieren, indem sie verschiedene Szenarien simulieren und die besten Lösungen ermitteln, um Energie- und Ressourcenverbrauch zu reduzieren.

Digitaler Zwilling

Ein digitaler Zwilling ist mehr als eine reine Konstruktionszeichnung. Während eine Konstruktionszeichnung in der Regel statisch ist und nur das Design und die geometrischen Abmessungen eines Produkts oder einer Anlage darstellt, umfasst ein digitaler Zwilling dynamische Daten in Echtzeit, wie beispielsweise Sensordaten, Betriebszustände und Leistungsparameter. Der digitale Zwilling ermöglicht es, das reale Objekt nicht nur zu visualisieren, sondern auch zu überwachen, zu analysieren, zu simulieren und damit eine ganzheitliche virtuelle Repräsentation zu schaffen, die für Optimierungen, Wartungsvorhersagen und Entscheidungsfindungen verwendet werden kann.

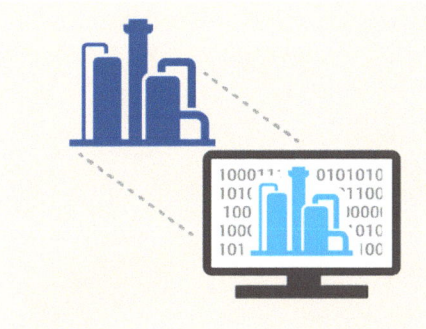

Computer-Aided Design (CAD)

Bei Computer-Aided Design handelt es sich um eine Software-Technologie, die es ermöglicht, präzise und detaillierte zweidimensionale (2D) und dreidimensionale (3D) Zeichnungen, Modelle oder Entwürfe von Produkten oder Anlagen am Computer zu erstellen und zu bearbeiten. Eingesetzt wird CAD z.B. in den Branchen Ingenieurwesen, Architektur, Produktdesign, Fertigung und Immobilienmanagement.

Building Information Modeling

Die Immobilienbranche spricht von BIM als "Building Information Modeling" und meint dabei eine digitale Methode für das Planen, Entwerfen, Bauen und Verwalten von Bauwerken. Es erlaubt die Erstellung und Verwaltung eines kollaborativen, zentralen Datenmodells, das alle relevanten Informationen über ein Gebäude oder eine Infrastruktur enthält, um den gesamten Lebenszyklus des Projekts effizient zu unterstützen.

4. **Personalisierte Kundenlösungen:** Die Analyse von Kundendaten im digitalen Zwilling erlaubt maßgeschneiderte Lösungen und Produkte, die den individuellen Bedürfnissen und Präferenzen der Kunden viel besser entsprechen, was die Kundenzufriedenheit und -bindung erhöht.

5. **Optimierung der Lieferkette**: Der digitale Zwilling ermöglicht eine bessere Überwachung und Koordination der Lieferkette, indem er Echtzeitdaten über den Standort, den Status und den Zustand von Produkten oder Bestellungen bereitstellt, was zu einer effizienteren Logistik und Reduzierung von Engpässen führt.

6. **Reduzierung von Produktionsausfällen:** Durch die Integration digitaler Zwillinge in die Produktionsabläufe werden potenzielle Engpässe oder Probleme frühzeitig identifiziert und entsprechende Maßnahmen rechtzeitig gestartet, um dadurch Ausfallzeiten zu minimieren und die Produktivität zu steigern.

7. **Innovationsförderung:** Der digitale Zwilling hilft dabei, kreative Ideen zu testen und neue Innovationen schneller auf den Markt zu bringen, da sie verschiedene Szenarien virtuell simulieren können, um die Machbarkeit und Leistung neuer Konzepte zu bewerten.

Verstehe Deine Organisation

Die Sichtbarkeit darüber, was in einem Unternehmen passiert, ist schon sehr wichtig, aber nun geht es darum zu verstehen, warum etwas geschieht. Es betrifft das Schaffen von echter Transparenz und die Analyse von Ursachen und Gründen, wobei die folgenden Arbeitsschritte nötig sind:

1. **Datenintegration:** Ziel ist hier die Zusammenführung von Daten aus ganz unterschiedlichen Quellen und Systemen innerhalb einer Firma (wie Vertrieb, Marketing, Finanzen, Produktion). Dadurch können erst Zusammenhänge und Beziehungen zwischen den Daten hergestellt werden.

2. **Datenbereinigung und -Qualität:** Die Qualität der Daten ist ein zentraler Aspekt. Deshalb ist das Entfernen von Duplikaten, Korrigieren von Fehlern und Standardisierung von Datenformaten für die Genauigkeit und Konsistenz der Daten von hoher Bedeutung. Erst dann lassen sich Ursachen und Auswirkungen bestimmter Situationen analysieren.

3. **Datenanalyse und -exploration:** Das Datenmanagement ermöglicht den Zugriff auf leistungsstarke Analysetools und -techniken, um Daten zu untersuchen und Muster, Trends und Zusammenhänge zu identifizieren.

Data Mining

Data Mining ist eine Methode zur Entdeckung von verborgenen Mustern, Zusammenhängen und Erkenntnissen in großen Datensätzen. Softwarelösungen wie RapidMiner, IBM SPSS Modeler und SAS Enterprise Miner verwenden statistische Algorithmen, maschinelles Lernen und Predictive Analytics-Techniken, um relevante Informationen aus den Daten zu extrahieren.

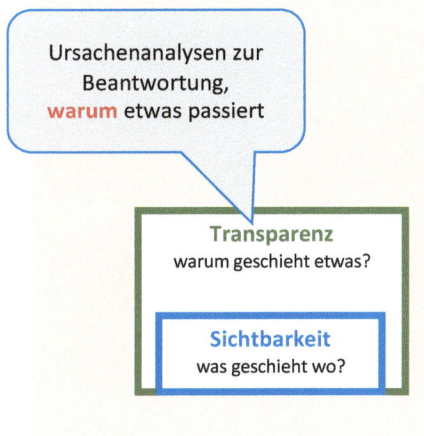

Unter Einsatz statistischer Analysen, Data-Mining-Methoden und maschinellem Lernen verstehen Organisationen die Hintergründe für bestimmte Situationen besser. Dies umfasst die Identifizierung von Ursache-Wirkung Beziehungen, die Erkennung von Verhaltensmustern und die Vorhersage von zukünftigen Entwicklungen.

4. **Datenvisualisierung:** Die Aufbereitung und Visualisierung von Daten dient dem Verständnis komplexer Informationen. Durch die Erstellung von Diagrammen, Grafiken, Dashboards und interaktiven Visualisierungen können wir Zusammenhänge und Muster leichter erkennen. So lassen sich bestimmte Situationen, Zustände und Hintergründe überhaupt erst erfassen und weiterverarbeiten.

5. **Vergleichsanalyse:** Das Datenmanagement ermöglicht es Firmen, historische Daten zu speichern und zu verwalten. Durch den Vergleich von aktuellen Daten mit vergangenen Daten können Unternehmen Trends und Veränderungen im Zeitverlauf identifizieren. Dies erleichtert die Analyse von Situationen, da man Veränderungen im Kontext betrachtet und potenzielle Ursachen ermittelt.

Maschinelles Lernen

Als eine spezifische Methode der künstlichen Intelligenz (KI) beschreibt das maschinelle Lernen mathematische Techniken, die einem System, also einer Maschine ermöglichen, selbständig Wissen aus Erfahrungen zu generieren. Bekannte Softwarelösungen sind TensorFow oder Scikit-learn als Open-Source-Bibliothek für Anwendungsgebiete wie Bilderkennung, Sprachverarbeitung, Zeitreihenanalyse etc.

Sage die Zukunft voraus

Für Organisationen ist es wichtig, frühzeitig zukünftige Marktentwicklungen und Kundenbedürfnisse zu erkennen und entsprechende strategische Entscheidungen zu treffen. Es geht um Wettbewerbsvorteile, die Minimierung von Risiken sowie den effizienten Einsatz von Ressourcen. Dabei gibt es eine Vielzahl von Anwendungsfällen:

1. **Absatzprognosen:** Die Verwendung von Vorhersagemodellen eröffnet Firmen, den zukünftigen Absatz von Produkten oder Dienstleistungen zu prognostizieren. Dies hilft bei der Bestandsplanung, der Optimierung der Lieferkette, der Nachfrageprognose und der Festlegung von Verkaufsstrategien.

2. **Kundenverhalten:** Vorhersagemodelle werden auch verwendet, um das Verhalten von Kunden zu analysieren und mögliche Kaufpräferenzen, Kaufgewohnheiten, Abwanderungstrends oder Cross-Selling-Möglichkeiten zu planen. Diese Informationen dienen dazu, personalisierte Marketingstrategien zu entwickeln und die Kundenzufriedenheit zu verbessern.

3. **Betriebliche Effizienz:** Dank Vorhersagen über Ausfallzeiten von Maschinen können vorbeugende Wartungsmaßnahmen ergriffen werden, so dass weder die Firma selbst oder ihre Kunden in Lieferengpässe und wirtschaftliche Notlagen kommen.

Vorhersagen (Prediction)

Predictive Analytics ist eine Teildisziplin des Data Minings, die sich mit der Vorhersage zukünftiger Entwicklungen befasst. Der eigentliche Prozess, der Wahrscheinlichkeitsrechnung zur Vorhersage von Ergebnissen verwendet, nennt sich Predictive Modeling (prädiktive Modellierung). Jedes Modell besteht dabei aus einer Reihe von Vorhersagevariablen (sog. Prädiktoren), die zukünftige Ergebnisse beeinflussen können.

Simulation verschiedener Zukunftsszenarien und Wahrscheinlichkeiten (**was wird** passieren?)

Prognose
was wird passieren?

Transparenz
warum geschieht etwas?

Sichtbarkeit
was geschieht wo?

Beim sog. Predictive Maintenance werden Daten aus Sensoren und anderen Quellen dazu verwendet, um Wartungsarbeiten rechtzeitig auszuführen, bevor tatsächliche Probleme auftreten. Die Folge sind reduzierte Stillstands-Zeiten und Kostenreduktion, aber auch eine höhere Leistungsqualität.

4. **Finanzprognosen:** Vorhersagen zu finanziellen Ergebnissen, wie Umsatz, Gewinn, Cashflow oder Kreditrisiken, helfen bei der Budgetierung, Finanzplanung und Risikobewertung.

5. **Personalmanagement:** Prognosen zu Personalbedarf, Personalfluktuation oder Mitarbeiterleistung helfen bei der effektiven Personalplanung, Talentmanagement und dem Identifizieren von Schulungs- oder Entwicklungsbedarf.

6. **Preisoptimierung:** Vorhersagemodelle dienen dazu, die optimalen Preise für ihre Produkte oder Dienstleistungen pro individueller Kundengruppe bzw. Person festzulegen.

7. **Risikomanagement:** Die rechtzeitige Identifikation und Bewertung von Finanz- und Kreditrisiken, Diebstahl oder Cybersicherheit, Trends sowie vieler weiterer operativen Risiken, ermöglicht es Unternehmen, früh geeignete Maßnahmen zu ergreifen.

Künstliche Intelligenz

Die künstliche Intelligenz (KI) bzw. engl. artificial intelligence (AI) zielt darauf ab, Maschinen die Fähigkeit zu geben, zu lernen, Muster zu erkennen, Entscheidungen zu treffen und Aufgaben auszuführen, die normalerweise menschliches Denken erfordern. Dabei gibt es ganz verschiedene Arten von KI, wie wir gleich auf Seite 28 sehen werden.

Während sich Big Data auf die Sammlung und Analyse von großen Datenmengen fokussiert, konzentriert sich KI auf die Entwicklung von Algorithmen und Techniken, um menschenähnliche Aufgaben zu erfüllen. KI kann von Big Data profitieren, da KI-Systeme oft viele Daten zum Lernen benötigen.

Verdiene Geld mit Daten

Unternehmen sind wirtschaftliche Einheiten, meistens mit dem Ziel, Geld zu verdienen. Daher ist es wichtig, Daten nicht nur zu sammeln und zu analysieren, sondern auch mit ihnen Geld zu verdienen. Dabei gibt es verschiedene Möglichkeiten:

1. **Datenverkauf:** Im Rahmen gesetzlicher und ethischer Bestimmungen, können Firmen ihre Daten an andere Organisationen verkaufen, die diese für ihre eigenen Analysen oder Geschäftsentwicklungen nutzen wollen. Dies kann strukturierte als auch unstrukturierte Daten umfassen.

2. **Produktinnovationen:** Die Auswertung von Daten kann neue Markttrends und Chancen aufdecken, die als Grundlage für die Entwicklung innovativer Produkte oder Services dienen, die den Bedürfnissen der Kunden besser entsprechen und höhere Preise erlauben.

3. **Marketing**: Die Datenanalyse erlaubt eine intensivere Kundenbindung dank kundenspezifischer Werbung, Marketingaktionen, Treueprogramme, personalisierten Empfehlungen oder kundenspezifischen Preisen. In der Fachwelt spricht man dabei vom „Targeting" als die gezielte Ausrichtung von Marketingstrategien und Werbemaßnahmen auf spezifische Zielgruppen, um die Effizienz der Kampagnen zu steigern und die relevanten potenziellen Kunden anzusprechen.

Datenschutz

Es ist wichtig zu beachten, dass der Umgang mit Daten sowohl rechtliche als auch ethische Aspekte umfasst. Unternehmen sollten sicherstellen, dass sie die geltenden Datenschutzbestimmungen (DSGVO etc.) einhalten und die Privatsphäre und Sicherheit ihrer Kundendaten respektieren.

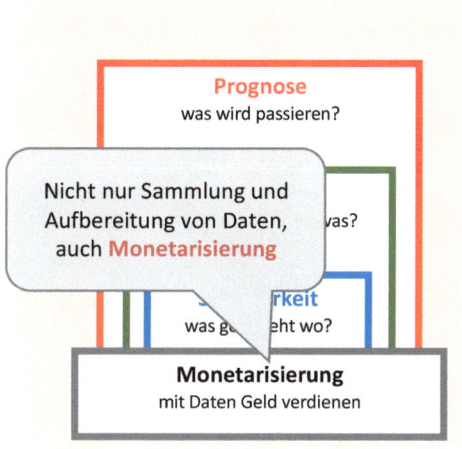

4. Affiliation: Bei diesem „Provisions-Geschäft" verdient ein Unternehmen (Affiliate) eine Gebühr von einem Werbetreibenden (Advertiser) für jede erfolgreiche Kontaktvermittlung. Jeder kann mit Affiliation-Marketing Geld verdienen, indem man seine Daten über die eigenen Kunden und deren Präferenzen nutzt, um gezielt relevante Produkte oder Dienstleistungen anderer Unternehmen zu bewerben.

5. Datenbasierte Angebote: Mögliche neue Produkte und Dienstleistungen, welche auf Basis der gesammelten Daten und den daraus gewonnenen Erkenntnissen beruhen, sind z.B. Beratungsdienste, Marktstudien, Trendanalysen, datengetriebene Softwarelösungen, Predictive Analytics-Dienste oder Rohdaten für die Künstliche Intelligenz.

6. Datenmonetarisierung durch Partnerschaften: Im Rahmen von Kooperationen mit anderen Unternehmen können Daten gemeinsam genutzt und monetarisiert werden. Dies kann in Form von kooperativen Forschungsprojekten geschehen.

7. Monetarisierung dank Kostenreduktion: Schlussendlich hat jede Organisation einen monetären Vorteil, wenn dank Daten Prozesse effizienter, schneller und kostengünstiger stattfinden.

Einwilligungserklärung

Sind Speicherung, Nutzung und Verarbeitung personenbezogener Daten nicht aufgrund einer gesetzlichen Grundlage gestattet oder geboten, ist dies nur bei Einwilligung des Betroffenen zulässig. Fehlt die Einwilligung des Betroffenen in einem solchen Falle und die Daten werden dennoch unzulässigerweise erhoben, so handelt es sich um einen Datenschutzverstoß. (Quelle: www.datenschutz.org)

Automatisiere deine Produktion

Immer mehr Prozesse lassen sich in Organisationen automatisieren. Die Vorteile liegen dabei in einer erhöhten Produktivität, möglichen Entlastung von Mitarbeitern, Fehlerreduktion, Steuerung komplexer Systeme sowie als Basis für moderne Dienste (z.B. Pay per Use oder Mass Customisation). Die Wahl der zu automatisierenden Prozesse hängt von der Art des Unternehmens, den vorhandenen Ressourcen und den Zielen ab. Es geht um wiederholbare Tätigkeiten wie Drehen, Empfangen, Fräsen, Halten, Kleben, Montage, Sägen, Schrauben, Schweißen, Senden, Sortieren, Transportieren, Verladen und Verpacken. Hier sind einige Prozesse, die in der Produktion automatisiert werden:

1. **Produktionsplanung und -steuerung**: Durch den Einsatz von computergesteuerten Planungs- und Steuerungssystemen werden Produktionsaufträge automatisch geplant, Ressourcen zugewiesen und Produktionsprozesse gesteuert.

2. **Montageprozesse**: Roboter können Teile greifen, zusammenfügen und verschrauben, was zu einer höheren Geschwindigkeit, Genauigkeit und Effizienz führt.

3. **Materialhandling:** Automatische Förderbänder, Greifsysteme, Stapler oder autonom fahrende Fahrzeuge optimieren den Transport von Rohstoffen, Halbfertigprodukten und Endprodukten und verkürzen die Produktionszeiten.

Robotik

Robotik bezieht sich auf das Gebiet der Technologie, das sich mit der Konstruktion, Entwicklung, Programmierung und dem Einsatz von Robotern befasst. Roboter sind mechanische oder virtuelle Geräte, die in der Lage sind, Aufgaben autonom oder halbautonom auszuführen, oft in Bereichen wie Produktion, Gesundheitswesen, Logistik und Forschung.

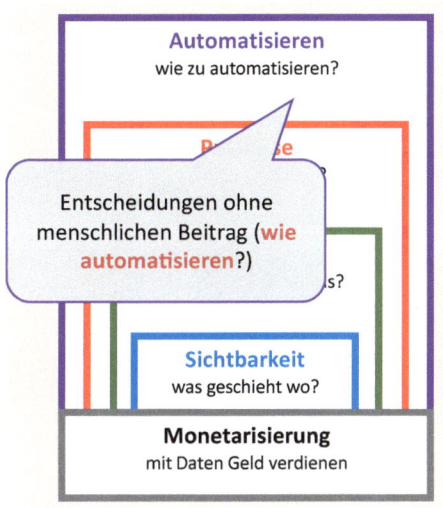

Automatisieren
wie zu automatisieren?

Entscheidungen ohne menschlichen Beitrag (wie automatisieren?)

Sichtbarkeit
was geschieht wo?

Monetarisierung
mit Daten Geld verdienen

4. **Qualitätskontrolle:** Die automatisierte Qualitätskontrolle ermöglicht die Überwachung und Inspektion von Produkten während des Produktionsprozesses. Automatisierte Systeme wie Bildverarbeitungssysteme, Sensorik oder Machine-Learning-Algorithmen erkennen frühzeitig Defekte, initiieren Maßnahmen zur Qualitätsverbesserung und reduzieren kostspieligen Ausschuss.

5. **Lagerverwaltung und Bestandskontrolle:** Automatische Lagerverwaltungssysteme, Barcode-Scanner oder RFID-Technologie ermöglichen eine genaue Bestandserfassung, Nachbestellung und Materialnachverfolgung, wodurch Engpässe und Stillstandszeiten minimiert werden.

6. **Wartung und Instandhaltung**: Eine Automatisierung kann Ausfallzeiten reduzieren und die Lebensdauer von Geräten verlängern. Durch den Einsatz von Sensoren und vorausschauender Instandhaltungstechnologie werden Maschinenzustände überwacht, Wartungsbedarf vorhergesagt und Instandhaltungsmaßnahmen automatisch ausgelöst.

Mass Customisation

Mass Customization bezieht sich auf die Fähigkeit, Produkte oder Services in großem Maßstab individuell an die spezifischen Anforderungen und Vorlieben der Kunden anzupassen. Also erfolgt hier trotz Automatisierung eine Individualisierung!

Automatisiere die Administration

In der Zwischenzeit werden auch immer mehr administrative Tätigkeiten automatisiert, wie in den Feldern Dateneingabe und –verarbeitung, Datenanalyse und Reporting, Workflow Management sowie Kundeninteraktionen. Denn auch hier erfolgen wiederholbare Tätigkeiten wie Empfangen, Filtern, Senden, Sortieren, Transportieren, Vermitteln und Verpacken – nur diesmal nicht von (Roh-) Waren, sondern von Daten und Dokumenten. Dies zeigt sich konkret bei den folgenden Aufgabenbereichen:

Produktion

Drehen, Empfangen, Fräsen, Halten, Kleben, Montage, Sägen, Schrauben, Schweißen, Senden, Sortieren, Transportieren, Verladen, Verpacken

Administration

Empfangen, Filtern, Senden, Sortieren, Transportieren, Vermitteln, Verpacken

Immer wieder die gleichen Prozesse

1. **Workflow-Management:** Zu der Automatisierung von Workflow-Prozessen zählen Genehmigungen, Eskalationen, Benachrichtigungen und das Routing von Dokumenten, aber auch die Terminplanung, Reise- und Spesenabrechnung, E-Mail-Verwaltung und Berichterstattung. Workflow-Management-Tools ermöglichen eine nahtlose und automatisierte Zusammenarbeit zwischen den Mitarbeitern und helfen, Engpässe zu vermeiden.

Workflow Management

Workflow Management bezieht sich auf die Koordination und Automatisierung von Arbeitsabläufen und Prozessen in einem Unternehmen. Es umfasst die Definition, Ausführung, Überwachung und Optimierung von Aufgaben, Verantwortlichkeiten und Entscheidungen, um die Effizienz, Transparenz und Effektivität von Geschäftsprozessen zu verbessern.

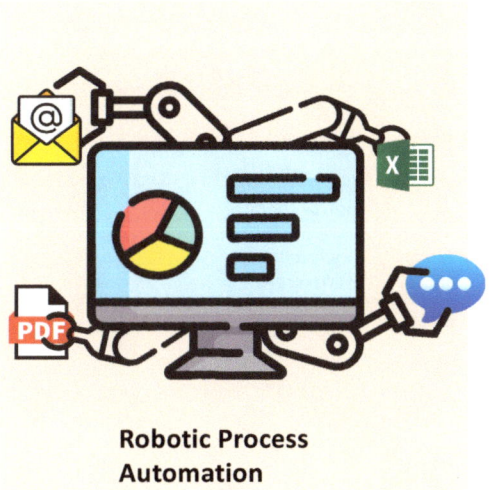

**Robotic Process
Automation**

Robotic Process Automation

Imitiert ein Software Roboter einen Menschen, der sich in Softwareanwendungen einloggt, Daten eingibt, Aufgaben erledigt und sich wieder abmeldet, so sprechen wir von Robotic Process Automation (kurz: RPA), als der automatisierten Bearbeitung von strukturierten Geschäftsprozessen durch digitale Software-Roboter. Bekannte Softwarelösungen sind UiPath, Blue Prism und MS Power Automate.

2. **Kundeninteraktionen:** Chatbots und virtuelle Assistenten werden in der Kundenbetreuung eingesetzt, um häufig gestellte Fragen zu beantworten, Anfragen zu bearbeiten und Kunden bei der Navigation durch Selbstbedienungsfunktionen zu unterstützen.

3. **Rechnungsstellung und Zahlungsabwicklung**: Automatisierte Prozesse zur Rechnungsstellung, Zahlungsabwicklung und Mahnwesen verbessern die Effizienz, reduzieren Fehler und optimieren den Cashflow.

4. **Lagerverwaltung:** Automatisierte Lagerverwaltungs- und Bestandskontrollprozesse erhöhen die Genauigkeit und Effizienz in der Logistik. Eine automatisierte Bestandsüberwachung, Nachbestellung und Bestandsverwaltung ermöglicht es Unternehmen, die Bestände zu optimieren und Engpässe oder Überbestände zu vermeiden.

5. **Personalwesen:** Es lassen sich im Bewerbermanagement die Veröffentlichung von Stellenanzeigen, die Erfassung von Bewerbungen sowie die Vorbereitung von Gesprächen automatisieren. Beim Onboarding kann das Ausfüllen von Formularen und die Zuweisung von Ressourcen automatisch erfolgen. Ferner können diverse Aufgaben bei der Weiterbildung, dem Leistungsmanagement sowie in der Personalverwaltung automatisiert werden.

Automatisiere deine Expertisen

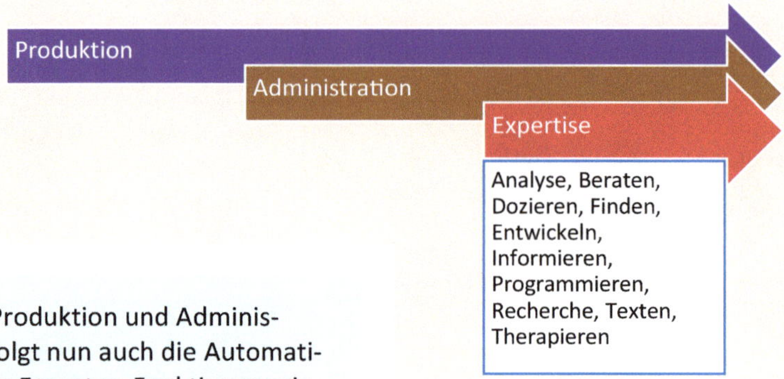

Produktion
Administration
Expertise

Analyse, Beraten, Dozieren, Finden, Entwickeln, Informieren, Programmieren, Recherche, Texten, Therapieren

Nach der Produktion und Administration erfolgt nun auch die Automatisierung von Experten-Funktionen wie Analyse, Beraten, Dozieren, Finden, Entwickeln, Informieren, Programmieren, Recherche, Texten und Therapieren. ChatGPT nennt selbst folgende Expertentätigkeiten, die von einer Automatisierung profitieren können:

1.**Datenanalyse:** Experten, die Daten analysieren und interpretieren, können von automatisierten Analysewerkzeugen und Algorithmen profitieren, die große Datenmengen schnell verarbeiten, Muster erkennen und Erkenntnisse generieren.

2.**Prognose und Planung:** Experten, die Prognosen erstellen und zukünftige Szenarien planen, werden von automatisierten Prognosemodellen und Planungstools unterstützt, die historische Daten analysieren und auf Basis von Algorithmen Vorhersagen generieren.

Obsolete Expertentätigkeiten

ChatGPT und ähnliche KI-Modelle automatisieren bestimmte repetitive Aufgaben in verschiedenen Berufen, wie Autor, Assistent, Anwalt, Berater, Call Center Agent, Detektiv, Dozent/ Lehrer, Programmierer, Reporter, Spiele-Entwickler, Texter, Therapeut und viele der heutigen Sachbearbeiter.

3. Risikobewertung: Bei der Analyse und Bewertung von Risiken helfen automatisierte Risikobewertungsmodellen und Algorithmen, die Risiken identifizieren, bewerten und mögliche Auswirkungen analysieren.

4. Compliance-Überwachung: Zur Sicherstellung der Einhaltung von Vorschriften und Richtlinien werden automatisierte Compliance-Tools und Überwachungssysteme verwendet, die Verstöße identifizieren, Berichte generieren und Warnungen ausgeben.

5. Patent- und Rechtsprüfung: Zur Prüfung von Patent- und Rechtsfragen, können von automatisierten Suchalgorithmen und Textanalysetools viel schneller die relevanten Informationen und Dokumente erfasst und analysiert werden.

6. Kundenservice und Support: Häufig gestellte Fragen können direkt von automatisierten Chatbots, virtuellen Assistenten oder Self-Service-Portalen beantwortet und Lösungen vorgeschlagen werden. Geschieht dies in einer sympathischen und vor allem effizienten Art und Weise, erhöht dies die Kundenzufriedenheit und Weiterempfehlungsquote.

Chatbots

Moderne Chatbots sind intelligente Softwarelösungen, die mit Benutzern über eine text- oder sprachbasierte Benutzerschnittstelle interagieren und natürliche Sprache verstehen können. Sie verwenden künstliche Intelligenz, um Fragen zu beantworten, Aufgaben zu erledigen und personalisierte Unterstützung zu bieten, wodurch sie das Kundenerlebnis verbessern und Unternehmen entlasten.

Schaffe Neues mit Algorithmen

In der Fachwelt gibt es mehrere Arten, die künstliche Intelligenz zu unterscheiden. An dieser Stelle wird lediglich eine vereinfachte Form aufgeführt:

1. **Reaktive Maschinen** (engl. reactive machines): Diese KI-Formen haben keine Vorstellung von der Vergangenheit oder Zukunft und reagieren ausschließlich auf aktuelle Eingaben. Beispiele sind Schachcomputer, die auf der Grundlage des aktuellen Spielbretts die besten Züge berechnen.

2. **Begrenztes Gedächtnis** (engl. limited memory): KI-Systeme mit begrenztem Gedächtnis können vergangene Ereignisse für einige Zeit speichern und nutzen, um auf vergangene Zustände zu reagieren oder Erfahrungen zu nutzen. Beispiele sind Wettervorhersagen oder Chatbots.

3. **Reinforcement Learning**: Dies beinhaltet eine gewisse Form des Lernens durch positive und negative Rückmeldungen, wie Roboter, die durch Ausprobieren lernen.

4. **Überwachtes Lernen** (supervised learning): Hier lernt ein Modell aus definierten (sog. gelabelten) Übungsdaten und kann Vorhersagen für neue, ungelabelte Daten treffen. Innerhalb der (Trainings-) Daten werden spezifische Muster und Beziehungen erkannt, wie z.B. bei der Bilderkennung von Gesichtern oder Bewertung von Kreditanträgen.

Algorithmus

Ein Algorithmus ist eine geordnete Reihe von Anweisungen, die ausgeführt werden, um ein bestimmtes Problem zu lösen oder eine Aufgabe zu erfüllen.

Schwache KI

Alle KI-Systeme, die aktuell im realen Einsatz sind, entsprechen der schwachen KI. Diese besitzt keine eigene Kreativität und keine expliziten Fähigkeiten, selbstständig im universellen Sinne zu lernen. Vielmehr basiert das Lernen auf dem Trainieren von Erkennungsmustern (dem Machine Learning) und dem Abgleichen von großen Datenmengen. Die hier genannten Punkte 1-7 entsprechen mindestenz der schwachen künstlichen Intelligenz.

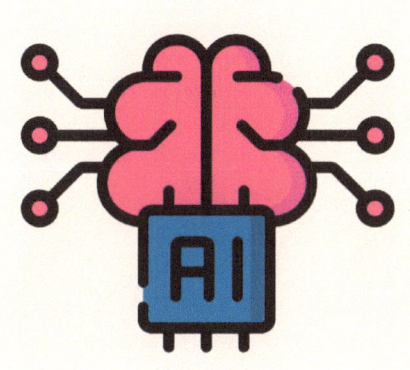

5. Unüberwachtes Lernen (engl. non-supervised learning): Beim unüberwachten Lernen lernt ein Modell aus ungelabelten Daten, ohne spezifische Zielwerte zu haben. Automatisch werden in den Daten Muster, Strukturen oder Gruppierungen entdeckt. Dies geschieht z.B. bei einer Cluster-Analyse zur Segmentierung von Kunden in Gruppen mit ähnlichem Verhalten oder Vorlieben.

6. Generative AI (GenAI): Diese AI-Modelle sind in der Lage, neue Daten zu erschaffen, die den Trainingsdaten ähnlich sind. Sie können Bilder, Texte, Audio- oder Vidioeinhalte erzeugen, die es so in dieser Form bzw. Inhalt noch nicht gab. Das zurzeit bekannteste Beispiel ist ChatGPT von OpenAI.

7. Artificial General Intelligence (AGI) zeichnet sich dadurch aus, dass es die Fähigkeit besitzt, beliebige intellektuelle Aufgaben zu meistern, die ein Mensch bewältigen kann, und über umfassendes Verständnis und Lernen hinaus flexibel und adaptiv agiert.

8. Theory of Mind: Hier handelt es sich um einen fortgeschrittenen Aspekt der (fast schon starken) KI, der das Verständnis und die Interpretation des mentalen Zustands anderer Akteure beinhaltet.

Während die Punkte 1 bis 6 heute schon Realität sind, sind AGI und die Theory of Mind bisher Zukunftsideen.

Starke KI

Starke KI bezieht sich auf KI-Systeme, die eine eigene, menschenähnliche Intelligenz besitzen und in der Lage sind, komplexe - selbständig und ohne vorheriges Einweisen - Aufgaben zu lösen. Diese Art von KI zielt darauf ab, menschenähnliches Bewusstsein und Denkvermögen zu erreichen, so dass z.B. Prozessoren und Menschen ein gemeinsames Verständnis und Vertrauen aufbauen können.

Drucke Dir Deine Produkte

Der 3D-Druck (bzw. die sog. additive Fertigung) erobert immer mehr die verschiedensten Branchen! Plastik, Metall, Beton, Porzellan, Textilien und neu auch erste Elektronik, diese Materialen erlauben ganz optimierte Produktionsverfahren bei der Herstellung einer Vielzahl von Produkten:

1. **Industrieprodukte:** In der Automobilindustrie werden neben Ersatzteilen, Kleinserien, immer häufiger individualisierte Produkte sowie Leichtbauteile additiv hergestellt.

2. **Luft- und Raumfahrt:** Leichte und komplexe Bauteile für Flugzeuge, Raketen, Raumfahrzeuge sowie Triebwerkskomponenten.

3. **Elektronikkomponenten:** 3D-Druck ermöglicht die Herstellung von komplexen Gehäusen, Halterungen und anderen Komponenten für elektronische Geräte. Seit 2023 können sogar die ersten Elektronikleitungen gedruckt werden.

4. **Energie:** Bei maßgeschneiderten Komponenten für erneuerbare Energiesysteme sowie Turbinenschaufeln für Kraftwerke, macht der 3D-Druck schon heute wirtschaftlich Sinn.

5. **Werkzeuge und Vorrichtungen:** Individuell angepasste Werkzeuge, Halterungen und Vorrichtungen sowie Komponenten für Maschinen und Geräte.

Additive Fertigung

Die additive Fertigung, auch bekannt als 3D-Druck, ist ein Fertigungsverfahren, bei dem dreidimensionale Objekte schichtweise aufgebaut werden. Dabei wird das digitale Modell des gewünschten Objekts in ein physisches Produkt umgewandelt, indem Material schichtweise hinzugefügt wird, anstatt es wie bei traditionellen Fertigungsmethoden durch Abtragen oder Umformen zu entfernen.

6. **Medizinische Implantate:** Individuell angepasste Implantate wie Knochen- und Gelenkersatzteile, Hüftgelenk- und Knieimplantate sowie Prothesen und orthopädische Hilfsmittel.

7. **Dentalprodukte:** Zahnärzte nutzen 3D-Druck, um maßgeschneiderte Kronen, Brücken, Zahnspangen und sogar ganze Prothesen herzustellen.

8. **Schmuck:** Designer können komplexe und einzigartige Schmuckstücke erstellen, die auf herkömmliche Weise zu schwer oder teuer wären.

9. **Mode und Accessoires:** Mit Hilfe des 3D-Drucks werden moderne Designs bei Kleidung, Schuhe, Taschen und Accessoires entwickelt. Erste Serienproduktionen existieren bei Schuhsohlen und Industrietextilien.

10. **Lebensmittel:** Es gibt aus dem 3D-Drucker speziell geformte Lebensmittel, Dekorationen und sogar Süßigkeiten.

11. **Wohn- und Gebäudestrukturen:** Im Bauwesen wird der 3D-Druck genutzt um Modellstrukturen, Prototypen, Gebäudekomponenten oder ganze Häuser bzw. Brücken zu fertigen.

12. **Spielzeug und Bildung:** Pädagogische Modelle, Lehrmittel und sogar maßgeschneiderte Spielzeuge.

13. **Kunst:** Künstler verwenden den 3D-Druck für Skulpturen, Kunstwerke oder für spezielle Requisiten für Film- und Theaterproduktionen.

3D-Druck und Digitalisierung

3D-Druck ist ein Schlüsselelement der Digitalisierung, da er physische Objekte aus digitalen Modellen erstellt und die Produktion durch computerbasierte Entwürfe und Technologien revolutioniert. In der additiven Produktion kommen viele der vorhin genannten Themen (wie digitaler Zwilling, Automatisierung, Simulation etc.) zum Tragen.

Ändere deine Wertschöpfung

Schon lange dient der 3D-Druck (die sog. additive Fertigung) nicht mehr nur für's Prototyping! Auch in einer kleinen oder gar großen Serienproduktion bietet die additive Fertigung häufig schon ganz besonderen Vorteile:

1. **Schnellere Prototypenentwicklung:** Der 3D-Druck ermöglicht es Firmen, Prototypen und Muster schneller herzustellen als herkömmliche Fertigungsmethoden. Dadurch werden Ideen schneller getestet, Fehler frühzeitig erkannt und Produktentwicklungszeiten verkürzt.

2. **Beschleunigte Markteinführung:** Nicht nur Prototypen, auch Kleinserien werden schneller produziert. Dies ermöglicht es Unternehmen, Produkte schneller auf den Markt zu bringen und Wettbewerbsvorteile zu erzielen

3. **Kostenersparnis:** Der 3D-Druck reduziert die Notwendigkeit von auf Lager zu haltenden Ersatzteilen und ermöglicht die Produktion komplexer Designs in einem einzigen Schritt, was die Lagerhaltungskosten und die Verschwendung von Materialien verringert.

4. **Individuelle Fertigung:** Mit 3D-Druck können Produkte auf individuelle Kundenwünsche angepasst werden, was maßgeschneiderte Lösungen und personalisierte Produkte erlaubt. Dies kann die Kundenzufriedenheit erhöhen und neue Geschäftsmöglichkeiten schaffen.

Druck von Plastik vs. Metall

Beim 3D-Druck von Plastik erfolgt der Aufbau durch das Schmelzen und Schicht-für-Schicht-Auftragen von thermoplastischem Filament, wie ABS, PETG oder Nylon (sog. FDM oder FFF Verfahren). Beim Metall-3D-Druck werden Laserstrahlen (sog. SLM Verfahren) bzw. Elektronenstrahlen (sog. EBM Verfahren) verwendet, um ein Metallpulver zu schmelzen und zu verfestigen.

Der 3D-Druck verändert ganze Wertschöpfungsketten: Kunden werden zu Produzenten (Prosumer), Hersteller konzentrieren sich auf die Entwicklung ihrer Produkte und den Schutz ihrer Rechte, Händler verschwinden u.v.a. Mehr dazu im u.g. Lesetipp.

5. Leichtere und optimierte Konstruktionen: Der 3D-Druck ermöglicht die Erstellung leichterer und optimierter Strukturen, die dennoch stark und funktional sind. Dies kann zu Gewichtsreduktionen bei Produkten führen, was wiederum Energieeinsparungen und bessere Leistungseigenschaften mit sich bringt.

6. Geringere Materialverschwendung: Im Gegensatz zu subtraktiven Fertigungsmethoden, bei denen Material weggeschnitten wird, nutzt der 3D-Druck nur das tatsächlich benötigte Material, was die Materialverschwendung minimiert und umweltfreundlicher ist.

7. Dezentralisierte Produktion: Der 3D-Druck ermöglicht es Unternehmen, ihre Produktion näher an den Kunden zu verlagern, da Produkte vor Ort oder in kleineren regionalen Einrichtungen hergestellt werden können. Dies kann die Lieferzeiten verkürzen, Transportkosten reduzieren und die CO_2 Bilanz optimieren.

8. Fertigung komplexer Geometrien: Mit 3D-Druck können Unternehmen komplexe Formen und Strukturen herstellen, die mit traditionellen Fertigungsmethoden nur schwer oder gar nicht realisierbar sind. Dies eröffnet ganz neue Möglichkeiten für innovative Produkte und Design.

Lesetipp

Anderhofstadt R., Disselkamp M: Disruptiver 3D-Druck, München, 2022

Es lebe die Blockchain

Nicht erst seit dem Bitcoin-Hype reden viele über die Blockchain Technologie. Denn diese Technologie hat viel mehr zu bieten als kryptische Währungen wie Bitcoin, Ethereum u.v.a. – sie erlaubt neue Anwendungen und Geschäftsmodelle für innovative Firmen, wobei manche dieser Lösungen auch über alternative Techniken möglich sind (wie digitale Wasserzeichen etc.):

1. **Finanzwesen:** Dank Blockchain können Zahlungen, Transaktionen und der grenzüberschreitende Geldtransfer effizienter, sicherer und kostengünstiger gestaltet werden.

2. **Lieferkettenmanagement:** Diese Technologie ermöglicht eine transparente und nachvollziehbare Aufzeichnung von Lieferkettenaktivitäten. Unternehmen können so die Echtheit von Produkten überprüfen, die Herkunft von Rohstoffen verfolgen, die Produktqualität verbessern und den Handel mit verifizierbaren Informationen unterstützen.

3. **Urheberrechte und geistiges Eigentum**: Die Blockchain kann dazu verwendet werden, Urheberrechte, geistiges Eigentum und Digitalinhalte zu schützen, indem sie einen unveränderlichen Nachweis für die Existenz und das Eigentum an digitalen Assets bietet.

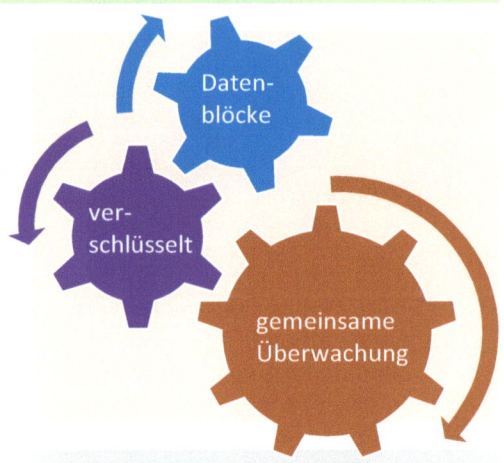

Blockchain

Die Blockchain ist eine dezentrale, transparente und sichere Datenstruktur, in der Informationen in Blöcken gespeichert und in chronologischer Reihenfolge verknüpft werden. Jeder Block enthält einen kryptografischen (also verschlüsselten) Hash des vorherigen Blocks, was die Integrität und Unveränderlichkeit der Daten gewährleistet und das Risiko von Datenmanipulationen minimiert.

Distributed Ledger Technology

Die Blockchain ist eine Form der Distributed Ledger Technology (DLT). Der Grundgedanke ist immer, Daten dezentral und sicher auf mehreren Knotenpunkten zu speichern, wobei alle Teilnehmer (die einen Teil des Netzwerkes beisteuern) eine gemeinsame und unveränderliche Aufzeichnung der Transaktionen haben. Damit zielt DLT gegen jegliche Cloud-Anbieter (wie AWS oder Microsoft) und Datenmonopolisten (wie Google, Facebook und Co.).

Distributed Ledger Technologie

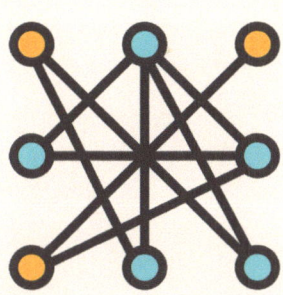

Das Motto der DLT ist es, lieber ein (voll vermaschtes) Peer2Peer Netzwerk zu haben, als ein Sternnetzwerk, in dem einer das Datenmonopol und die Macht hält!

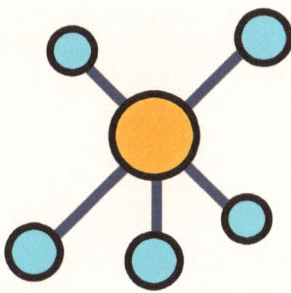

Lesetipps

Fill H.G., Meier A.: Blockchain kompakt, Wiesbaden, 2020

Voshmgir S.: Token Economy – Wie das Web3 das Internet revolutioniert, Berlin, 2020

Wittenberg S.: Blockchain für Unternehmen, Stuttgart, 2020

4. **Identitätsmanagement:** Blockchain erlaubt eine sichere und dezentrale Speicherung von Identitätsdaten, was die Verifizierung von Benutzern erleichtert und Identitätsdiebstahl reduziert.

5. **Gesundheitswesen:** In der Gesundheitsbranche wird die sichere und interoperable Verwaltung von Patientendaten ermöglicht, wodurch die Effizienz von medizinischen Aufzeichnungen und die Zusammenarbeit zwischen Gesundheitseinrichtungen verbessert werden.

6. **Energie und Umwelt:** Die Blockchain kann zur Verwaltung von Energiehandel und zur Nachverfolgung von Energiequellen und -verbrauch eingesetzt werden, was die Integration erneuerbarer Energien und die Energieeffizienz fördert.

7. **Abstimmungen und Wahlen:** Die Blockchain kann für sichere und transparente Abstimmungs- und Wahlsysteme verwendet werden, die die Manipulation von Wahlen verhindern und das Vertrauen der Bürger in demokratische Prozesse stärkt.

8. **Versicherungswesen:** Beschleunigung der Schadensbearbeitung und der Vertragsabschluss sowie Reduzierung von Betrugsfällen dank verbesserter Genauigkeit von Versicherungsdaten.

Sichere Deine Rechte

Die Beispiele der vorherigen Seite über Blockchain bezogen sich schon ziemlich auf die Absicherung von Personendaten und Eigentumsrechten. Dabei spielt eine Weiterentwicklung der DLT-Technologie eine besondere Rolle: Tokens!

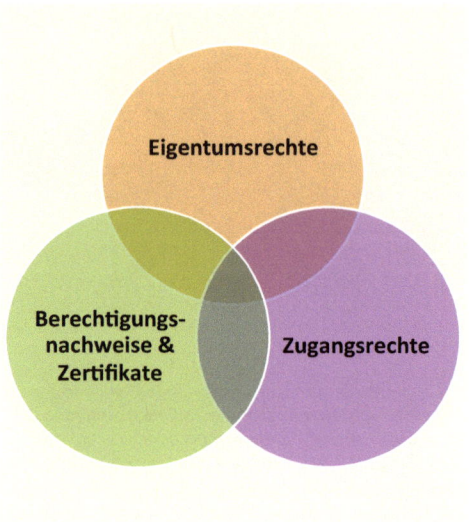

1. **Vermögenswerten:** Reale Vermögenswerte wie Immobilien, Kunstwerke oder Unternehmensanteile sind in tokenisierter Form auf der Blockchain darstellbar, was den Handel, die Liquidität und den Zugang zu Investitionsmöglichkeiten erleichtert.

2. **Belohnungs- und Treueprogramme:** Unternehmen setzen Tokens als Belohnung für Kunden ein, um Treueprogramme zu fördern und die Kundenbindung zu erhöhen.

3. **Crowdfunding und Kapitalbeschaffung:** Tokens dienen als Alternative zu traditionellen Finanzierungsmethoden, um Kapital für Projekte oder Firmen von einer breiten Investorenbasis zu beschaffen.

4. **Supply-Chain-Verwaltung:** Unternehmen nutzen Tokens, um die Transparenz und Nachverfolgbarkeit entlang der Lieferkette zu verbessern, indem sie Produkte und deren Herkunft auf der Blockchain verifizieren.

Token

Tokens sind in der Programmierung zuerst einmal ein Quellcode in einem Computerprogramm. In der Blockchain sind Tokens dann ein Synonym für Eigentums- bzw. Nutzungsrechte. So kann man Anteile an Firmen, Kunst oder Immobilien in Form sog. Security Tokens als Wert repräsentieren oder Zugriffs- bzw. Nutzungsrechte in Form sog. Utility Tokens vergeben. Die Security Tokens werden zudem unterteilt in Asset Tokens (reale Güter), Equity Tokens (Anteil an Firmen oder Wertpapieren) und Payment Tokens (Anteile an Dividenden bzw. Zinsen).

Distributed Ledger Technologie

Fungible Tokens	Non-fungible Tokens (NFT)
Identisch: Tokens des gleichen „Typs" sind identisch, da jedes die gleichen Attribute besitzt wie alle anderen Token desselben Typs.	**Einzigartig:** Tokens des gleichen "Typs" unterscheiden sich voneinander. Jedes Token hat einzigartige Attribute.
Austauschbar: Ein Token kann gegen ein anderes Token mit dem gleichen Wert ausgetauscht werden.	**Nicht austauschbar:** Nicht fungible Token haben einzigartige Werte oder Zugriffsrechte (z.B. Uni-Diplom).
Teilbar: Fungible Tokens sind in kleinere Beträge aufteilbar. Es ist unerheblich, welche und wie viele Einheiten man verwendet, solange es sich in Summe um den gleichen Wert handelt.	**Nicht teilbar:** Tokens, die an die eigene Identität gebunden sind, sind nicht teilbar. Es gibt keinen Sinn, einen Buchteil eines Uni-Abschlusses zu teilen.

Smart Contracts

Neben den Tokens spielen sog. Smart Contracts als selbstausführende Vereinbarungen eine große Rolle bei der Abwicklung von Verträgen und digitalen DLT-Anwendungen.

Web3

Web3 ist ein Begriff, der das Konzept eines dezentralisierten Internets beschreibt, in dem Benutzer die Kontrolle über ihre Daten, Identität und digitalen Transaktionen haben und auf Blockchain-basierte Anwendungen und Dienstleistungen zugreifen. Demgegenüber war das Web1.0 ein statisches, informationsbasiertes Internet und das Web2.0 ermöglichte die Interaktion und soziale Vernetzung der Nutzer.

5. **Zugriffsrechte und Identitätsmanagement:** Tokens werden bereits verwendet, um Zugriffsrechte zu gewähren, digitale Identitäten zu verwalten und die Nutzung ausgewählter Ressourcen oder Dienste zu kontrollieren.

6. **Abstimmungen und Governance:** Tokens sind für dezentrale Abstimmungen und Governance-Entscheidungen einsetzbar, um eine demokratische Entscheidungsfindung zu fördern.

7. **Content-Monetarisierung:** Unternehmen können Tokens nutzen, um den Zugriff auf digitale Inhalte zu verkaufen oder zu lizenzieren, was neue Einnahmequellen für Künstler und Content-Ersteller schafft.

Reifegrad der Blockchain / Tokens

Trotz all der Euphorie über die Möglichkeiten der Blockchain und Tokens darf nicht übersehen werden, dass diese Ansätze noch in einer Frühphase sind. Zwar gibt es immer mehr reale Anwendungsfälle, doch ist die Basistechnik oft nicht einfach zu initiieren und weist so manche Kinderkrankheit auf. Dennoch ist schon die Zeit, sich als Organisation mit den neuen Chancen der DLT (sowie Alternativtechniken) zu beschäftigen.

Offeriere digitale Ansichten

Wir leben immer mehr in digitalen Realitäten, die unsere reale Welt ergänzen oder ersetzen. Diese neue Realitäten öffnen sich aber nicht nur mittels digitalen Brillen (AR/VR/MR), sondern auch dank aller möglichen Touchpoints (wie Smartphone, PC, Bildschirmen, Wearables oder virtuelle Währungen). Im Positiven erweitert der digitale Content unser Bewusstsein (Wissen, Simulation), im Negativen beeinflusst er uns mit unvollständigen, unreflektierten oder gar falschen bzw. gefährlichen Informationen ("fake news") und verführt uns zu "dummen" Handlungen (z.B. Google-Maps, Pishing Mails). Mögliche Anwendungen für Organisationen sind:

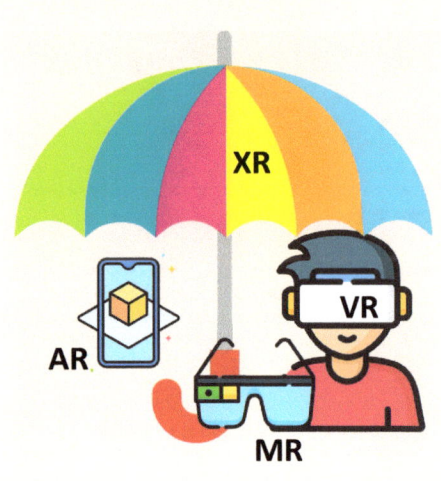

1. **Training und Simulation**: Digitale Realitäten ermöglichen realitätsnahe Schulungs- und Schulungsszenarien, so dass gefährliche oder teure Situationen ohne Risiko geübt werden und sich die Teilnehmer mit komplexen Abläufen und Prozessen vertraut machen. Dies geschieht z.B. bereits in der Luftfahrt oder Medizin, um Piloten oder Chirurgen Trainingsmöglichkeiten zu bieten und Fähigkeiten zu verbessern.

2. **Produktvisualisierung und Design:** VR/MR/AR erlauben es, Produkte in virtuellen Umgebungen zu visualisieren und zu entwerfen, bevor sie physisch hergestellt werden (z.B. bei Immobilien, PKW). Dies beschleunigt den Designprozess und ermöglicht die Optimierung neuer Produkte noch vor Produktionsstart.

Erweiterte Realität (XR)

Extended Reality (XR) ist ein Oberbegriff, der Virtual Reality (VR), Augmented Reality (AR), Mixed Reality (MR) und alle Arten von immersiven Erfahrungen zusammenfasst. In der XR verschmelzen digitale Inhalte mit der physischen Welt zusammen.

Digitale Realitäten: VR, MR, AR

Die Virtual Reality (VR) erzeugt eine vollständig immersive digitale Umgebung, während Mixed Reality (MR) virtuelle Elemente mit der realen Welt kombiniert und Augmented Reality (AR) digitale Inhalte in die reale Umgebung einbettet, um sie zu erweitern.

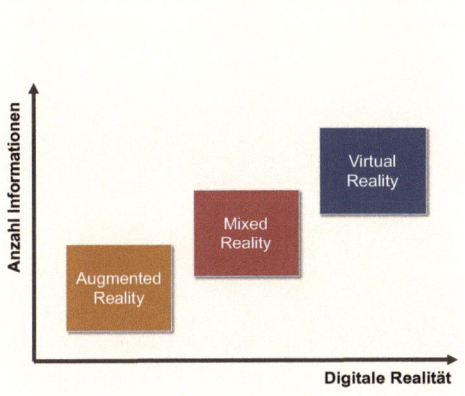

3. Vertrieb und Marketing : AR wird schon heute in Marketingkampagnen eingesetzt, um digitale Inhalte wie Animationen, 3D-Modelle oder interaktive Elemente in die reale Umgebung einzubetten und so die Kundenerfahrung zu verbessern und das Engagement zu steigern.

4. Kundenservice und Support: AR und MR verbessern den Kundenservice und Support, indem es Techniker vor Ort mit digitalen Anweisungen und virtueller Unterstützung aus der Ferne ausstattet, um Probleme schneller und effizienter zu lösen.

5. Wartung und Instandhaltung: AR- und MR-Brillen helfen Technikern Schritt-für-Schritt-Anleitungen und Informationen bereitzustellen, während sie Anlagen warten oder reparieren, was die Effizienz steigert und Ausfallzeiten reduziert.

6. Gaming: In der erweiterten Realität (AR) können Spiele Elemente der realen Welt mit digitalen Inhalten verknüpfen, um immersive Spieler-lebnisse zu schaffen, während die virtuelle Realität (VR) die Spieler in komplett virtuelle Welten eintauchen lässt, um intensivere und immersi-vere Spielerfahrungen zu ermögli-chen.

Spannende Anwendungen:

Ikeas AR als Entscheidungshilfe unter https://www.youtube.com/watch?v=U udV1VdFtuQ

Mixed Reality ersetzt Computer, Maus und Monitor, als Video unter https://www.youtube.com/watch?v=1k RRlF2Nvcw

Holoportation, Microsofts virtuellel 3D Teleportation, als Video zu finden unter https://www.youtube.com/watch?v=7 d59O6cfaM0

Biete ein Metaversum

Die Steigerung von digitalen Realitäten sind Metaversen. Ein Metaversum ist dabei ein virtuelles, weitläufiges und persistentes digitales Universum, in dem Menschen in Echtzeit interagieren, kommunizieren, Inhalte erstellen und wirtschaftliche Aktivitäten ausüben können. Metaversen bieten enorme Anwendungsmöglichkeiten, die weit über die traditionellen Möglichkeiten des Internets hinausgehen:

1. **Virtuelle Unterhaltung und Gaming:** Die bisher größte Gruppe an schon existierenden Metaversen dient der Unterhaltung und dem Gaming. Bekannte Softwarelösungen sind Second Life (2003), The Sandbox (2012), Decentraland (2015) und Fortnite (2017).

2. **Virtuelle Showrooms und Produkt- präsentationen**: Auf den gerade genannten Beispielen bieten bereits innovative Konsumgüterhersteller (wie Adidas, Samsung) Produkte zum Erleben aber auch zum Kauf an, wobei der Kauf entweder das virtuelle Produkte und / oder das reale Produkt betrifft.

3. **Tourismus und Reise**: Metaversen existieren bereits für virtuelle Reisen zu Sehenswürdigkeiten, Museen und Ausstellungen, die als Destination entweder zu fern, aufwendig oder riskant sind. Erste Beispiele solcher Metaversen sind Google Arts & Culture VR, Sansar oder VRChat.

Metaverse

Das Metaverse ist ein virtueller, kollektiver und interaktiver digitaler Raum, in dem Menschen über das Internet mittels Virtual-Reality- und Augmented-Reality-Technologien miteinander interagieren, arbeiten, spielen und leben können.

Metaversum vs. Internet

In Ergänzung zum klassischen Internet ist ein Metaversum noch größer (Anzahl Teilnehmer, Aktivitäten, Applikationen), bietet visuelle 360 Grad und ist auditiv dank Kopfhörer, haptisch dank Kleidung und sogar ggfs. olfaktorisch (Riechen) bzw. gustatorisch (Schmecken).

Demnächst gibt es mein Coaching auch im Metaversum

„Der Cyberspace kolonisiert das, was wir früher für die reale Welt hielten. Ich denke, dass unsere Enkelkinder die Unterscheidung zwischen dem, was wir als reale Welt bezeichnen, und dem, was sie einfach für die Welt halten, wahrscheinlich als das Merkwürdigste und Unverständlichste an uns betrachten werden."

(William Gibson, Autor von Neuromancer, 1984)

4. Digitale Marktplätze für den Handel von digitalen Vermögensgegenständen (engl. Assets): Zukünftige Metaversen bieten eine Plattform für den Handel und die Verwaltung von digitalen Gütern und (z.B. Blockchain basierten) Assets wie virtuellen Immobilien, digitalen Kunstwerken, Sammlerstücken, Firmenanteilen und anderen digitalen Produkten.

5. Virtuelle Meetings und Zusammenarbeit: Metaversen (wie Mozilla Hubs oder Vircadia) ermöglichen es Menschen, von verschiedenen Standorten aus gemeinsam in einer virtuellen Umgebung zusammenzuarbeiten, was die Kommunikation und das Teamwork verbessert und Reisekosten reduziert.

6. Virtuelle Konferenzen und Veranstaltungen: Metaversen können für virtuelle Messen, Konferenzen und Veranstaltungen verwendet werden, die es den Teilnehmern ermöglichen, sich in einer immersiven Umgebung zu vernetzen, Präsentationen anzusehen, an Diskussionen teilzunehmen und Produkte oder Dienstleistungen zu präsentieren.

7. Zukünftige Metaverse-Anwendungen könnten ferner sein: eWorkout, eHeath, eGovernment, eLearning und eConstruction.

Transformiere Deine Organisation

All die Anregungen und Beispiele der letzten Seiten verdeutlichen den intensiven digitalen Wandel, der schon seit Jahrzehnten uns alle betrifft. Wir sprechen hierbei nicht nur von einem Effekt der Digitalisierung, in welcher digitale Technologien lediglich bestehende Prozesse optimieren, sondern von einer Digitalen Transformation, welche unsere Umwelt im Privat- und Geschäftsleben immer mehr verändert.

Die Begriffe "Digitalisierung" und "Digitale Transformation" werden oft synonym verwendet, haben jedoch unterschiedliche Bedeutungen. Digitalisierung bezieht sich auf den Prozess der Umwandlung analoger Informationen, Daten und Prozesse in digitale Formate. Es geht „nur" darum, physische oder analoge Informationen in digitale Daten umzuwandeln, um sie elektronisch zu speichern, zu verarbeiten und zu übertragen. Digitalisierung bedeuten z.B., papierbasierte Dokumente in digitale Dateien zu scannen, analoge Kommunikation durch E-Mail und soziale Medien zu ersetzen oder physische Prozesse durch digitale Workflows zu automatisieren.

Die Digitale Transformation bezeichnet hingegen einen umfassenderen und strategischen Wandel von Firmen, um die Chancen und Potenziale der Digitalisierung voll auszuschöpfen. Es geht über die bloße Automatisierung von Prozessen hinaus und betrifft die Art und Weise, wie ein Unternehmen seinen Umsatz und Gewinn erzielt (sog.

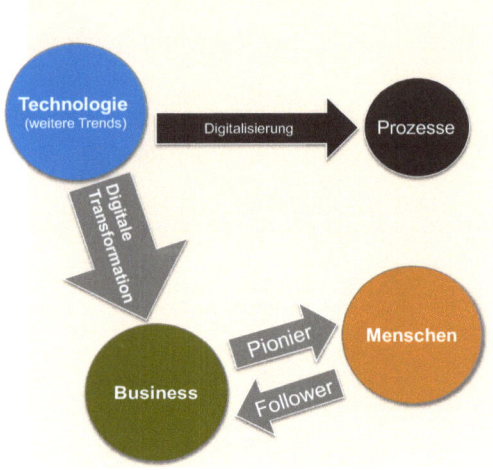

Digitale Transformation

Während sich die Digitalisierung auf die Umwandlung von analogen Daten in digitale Formate konzentriert, strebt die Digitale Transformation einen tiefgreifenden Wandel des gesamten Unternehmens an, um die Möglichkeiten der Digitalisierung zu nutzen und sich an die digitalen Anforderungen und Herausforderungen anzupassen. Sie ist damit ein strategischer Prozess mit Folgen auf die Firmenstrategie und -Kultur.

Digitale Revolution

Die Digitale Revolution bezeichnet einen fortlaufenden Veränderungsprozess der gesamten Gesellschaft. Es geht um die Anpassungsfähigkeit an Technologien, neue Kunden- und Mitarbeiterbedürfnisse, Regulierungsanforderungen, neue Wettbewerber sowie Geschäfts- und Führungsmodelle.

Digitale Transformation

Die Digitale Transformation zeigt sich u.a. im Rahmen digital-orientierter Geschäftsmodelle, zu denen es den separaten Ratgeber „Digital Business" gibt.

Lesetipps

Disselkamp M., Heinemann S.: Digital Transformation Management, Stuttgart, 2018

Galloway S.: The Four, Kulmbach, 2017

Keen Andrew: How to fix the future, München, 2018

Laloux F.: Reinventing Organizations, München, 2016

Spiekermann S.: Digitale Ethik, München, 2019

Geschäftsmodell) sowie die gesamte Unternehmenskultur, um eine solche Transformation zu bewerkstelligen.

Und es sind immer zuerst die digital-orientierten Geschäftsmodelle, die unser (Konsum-, Kommunikations- und Arbeits-) Verhalten verändern!

Denn erst dank Anbietern wie YouTube, Apple, Spotify oder Netflix fingen wir an, Video bzw. Musik zu streamen, erst dank dem Angebot einiger Direktbanken wechselten wir zum Online Banking oder dank der direkten digitalen Vernetzung zu Hotels, Bahn und Airlines buchen wir direkt unsere Reisen unter Umgehung von Reisebüros.

Für Unternehmen heißt dies, dass alle bisherigen Prozesse, Leistungsangebote und Geschäftsmodelle hinterfragt und gegebenenfalls neu definiert werden. Nichts muss mehr so bleiben wie es war. Es gilt die Suche nach dem Optimum an Effizienz, Kundenbindung, nachhaltigen Renditen, Firmenwerten und gesellschaftlicher Verantwortung. Dabei entstehen neue Industriezweige, Geschäftsmodelle und Berufsgruppen, wie im Bereich eCommerce und Plattformen oder Datenanalysten.

Wer hier nicht aufmerksam und offen ist, dessen Geschäftsmodell wird vielleicht bald toxisch, also vergiftet, oder ist es gar schon. Gerade so wie aus den oben genannten Beispielen Reisebüros, Bankfilialen oder Schallplattenläden ihre Bedeutung verloren haben.

Akzeptiere Ängste

Die Digitale Transformation vollzieht sich in Organisationen meist mit vielen Widerständen. Menschen reden zwar gerne von Veränderungen, aber wehe wenn sie denn stattfinden. Vier emotionale Barrieren wirken gegen jegliche Veränderung – und daher auch gerne gegen den Einsatz digitaler Technologien: Dies sind die in der nebenstehenden Grafik genannten Gefühle der Überforderung, der Unkenntnis, der Ohnmacht und der Schlechterstellung. Diese Emotionen resultieren aus Defiziten: aus dem Qualifikationsdefizit, dem Informationsdefizit, dem Organisationsdefizit und dem Motivationsdefizit. Diese emotionalen Barrieren führen zu ganz konkreten Ängsten, wie:

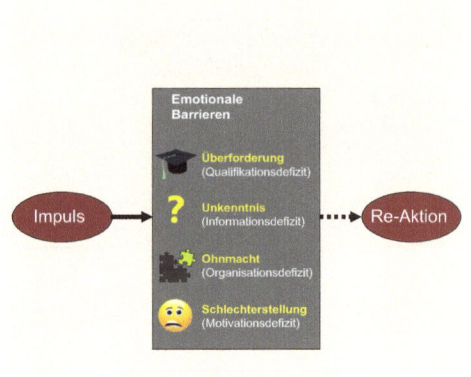

1. **Arbeitsplatzverlust:** Mitarbeiter befürchten, dass die Automatisierung und Digitalisierung von Prozessen zu einem Arbeitsplatzabbau führen könnten, da Maschinen und künstliche Intelligenz jene Aufgaben übernehmen, die bisher von Menschen erledigt wurden.

2. **Unzureichende Qualifikation:** Es existiert die Angst nicht (mehr) über die notwendigen technischen Fähigkeiten und Kenntnisse zu verfügen, um mit den neuen digitalen Technologien effektiv umgehen zu können.

3. **Veränderung der Arbeitsabläufe:** Die Umstellung auf digitale Prozesse und Technologien führt häufig zu Veränderungen in den Arbeitsabläufen, die für manche Mitarbeiter zunächst ungewohnt und herausfordernd sind.

Ängste

Ängste sind zuerst einmal ganz normale, emotionale und psychologische Reaktionen auf empfundene Gefahren oder Bedrohungen, die eine Stressreaktion auslösen und den Körper in einen erhöhten Alarmzustand versetzen können. Erst wer sie sich ihrer bewusst ist, kann sie in einem Veränderungsprozess überwinden.

Digitale Transformation

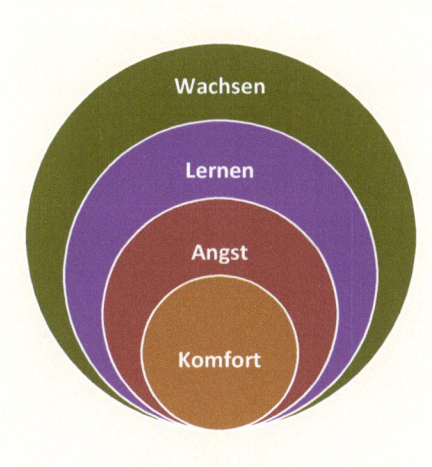

Verlassen der Komfortzone

Der digitale Wandel funktioniert nur mit einem bewussten, strukturierten und begleiteten Veränderungsmanagement! Damit meinen wir den Prozess ab dem Verlassen der Komfortzone, auch wenn dies zuerst zu den genannten Ängsten führt. Mit den ersten Erfolgen kommt es zum Lernen neuer Möglichkeiten und dem persönlichen Wachsen in neue Kompetenzfelder.

Lesetipp

Disselkamp M.: Digital Leaders, Offenbach, 2021

4. **Angst vor Fehlern und Scheitern:** Die Einführung neuer digitaler Technologien ist für manche Betroffenen mit dem Druck verbunden, sich in einer digitalen Umgebung zu bewähren, was die Angst vor Fehlern und Misserfolgen verstärken kann.

5. **Mangelnde Unterstützung und Schulung**: Die Sorge, dass das Unternehmen keine ausreichende Unterstützung oder Schulung für den Umgang mit den neuen digitalen Technologien bietet, führt bei Mitarbeitern häufig zu Unbehagen.

6. **Datenschutz und Privatsphäre:** Bei der Einführung digitaler Technologien befürchten manche den Mißbrauch ihrer Daten und eine zu umfangreiche Überwachung.

7. **Unsicherheit über die Zukunft des Unternehmens:** Wenn Unternehmen sich in einem Prozess zur digitalen Transformation befinden, kann dies zur Besorgnis über eine unklare Richtung der Firma und unsichere Zukunft der Betroffenen führen.

Sei bereit für große Sprünge

Jetzt haben wir soviel über digitale Technologien und daraus resultierende Möglichkeiten, aber auch die damit verbundenen Herausforderungen und Ängste nachgedacht, doch dabei haben wir bisher nur die „normalen", schon heute sichtbaren technischen Entwicklungen betrachtet.

In Wahrheit kann man heute bereits auch noch viel größere, ja sogar disruptive Entwicklungen identifizieren, die unsere technischen Möglichkeiten in baldiger Zukunft exponentiell beeinflussen werden – z.B. Quantencomputer.

Quantencomputer nutzen dabei die Quantenmechanik, um Informationen in sogenannten Quantenbits (Qubits) zu verarbeiten, was ihnen im Vergleich zu klassischen Computern eine immense Rechenleistung und die Fähigkeit zur parallelen Verarbeitung komplexer Probleme bietet, die für herkömmliche Computer praktisch unlösbar wären. Durch ihre Fähigkeit, Superpositionen und Verschränkungen zu nutzen, eröffnen Quantencomputer neue Möglichkeiten für komplexe Berechnungen, Simulationen, Kryptographie und maschinelles Lernen, die eine revolutionäre Auswirkung auf Wissenschaft, Wirtschaft und Technologie haben werden.

Konkret macht die Forschung um den Quantencomputer große Fortschritte, so dass schon heute die ersten realen Anwendungen stattfinden:

Superposition

Die Superposition bezieht sich darauf, dass ein Quantenbit (Qubit) gleichzeitig in mehreren Zuständen sein kann, was seine Fähigkeit zur parallelen Verarbeitung von Informationen erhöht.

Verschränkung

Die Verschränkung beim Quantencomputer bezieht sich auf den Zustand, in dem zwei oder mehr Teilchen so stark miteinander verbunden sind, dass der Zustand eines Teilchens sofort den Zustand des anderen beeinflusst, unabhängig von der räumlichen Entfernung.

Quantencomputing

Vorteile in der Praxis

Ein normaler Computer geht bei einer Liste mit 10 Namen und Details alle Einträge (mit Zwischenspeicher!) Schritt für Schritt durch, bis er den passenden „Max Mustermann" findet. Ein Quantencomputer ruft hingegen alle Einträge gleichzeitig auf und schließt dann direkt jene aus, die nicht zu der Eingabe „Max Mustermann" passen.

Ein 64Qubit-Rechner kann Aufgaben in z.B. 64 Sekunden abarbeiten, wofür ein Intel Core 7 Rechner (wie ein guter Laptop) 2 Jahre Rechenzeit benötigt. Ein 128Qubit-Rechner kann Aufgaben in z.B. 128 Sekunden abarbeiten, wofür ein Supercomputer mit 100 Peta Flops 10 tausend Jahre Rechenzeit benötigt.

Hörtipp

Prof. Marius Grundmann von der Universität Leipzig und mit der SaxonQ einer der Väter des ersten weltweiten mobilen Quantencomputers, erläutert in mehreren Podcastfolgen in einfachen Beispielen das Quantencomputing.

1. **Optimierung von Lieferketten**, dank besserer Planung von Transportrouten und Lagerbestände.

2. **Arzneimittelforschung und –entwicklung**: Die Simulation komplexer Moleküle erlaubt eine schnellere, aber auch umfangreichere Arzneimittelforschung .

3. **Finanzwesen**: Quantencomputer ermöglichen schnellere und genauere Risikoanalyse sowie eine zielgerichtete Portfoliooptimierung.

4. **Kryptographie und Datensicherheit**: Verbesserung der Kryptographie und Verschlüsselungstechniken, mit dem Ziel, sensible Unternehmensdaten noch besser vor zukünftigen IT-Angriffen zu schützen.

5. **Materialdesign und Simulation**: Durch die Simulation von Quantensystemen können Unternehmen fortschrittliche Materialien entwickeln, die in der Elektronik, Energiegewinnung und anderen Industrien verwendet werden können.

Quantencomputing bietet die Basis für extrem große Entwicklungssprünge. Hier allerdings von „Quantensprüngen" zu sprechen, wäre total falsch. Denn Quantensprünge sind eigentlich nicht groß. In der Physik bezeichnen sie die diskrete Veränderung eines Systems, selbst wenn sie auf den ersten Blick signifikante Auswirkungen haben.

Schütze deine Systeme

Der Schutz der IT-Infrastruktur, Systeme und Daten dient der Geschäftskontinuität, rechtlichen und regulatorische Anforderungen, dem Image, der Abwehr finanzieller Verluste sowie der Aufrechterhaltung des Vertrauens der Kunden, Lieferanten und Mitarbeitern. Zur Gewährleistung der Systemsicherheit muss ein Unternehmen mehrere wichtige Aspekte beachten:

1. **Sicherheitsrichtlinien und -verfahren:** Es bedarf klarer Sicherheitsrichtlinien und -verfahren, um den sicheren Umgang mit IT-Ressourcen und Daten zu gewährleisten.

2. **Firewalls und Netzwerksicherheit**: Implementierung von Firewalls, Intrusion/Detection/Prevention-Systeme und anderer Sicherheitsmaßnahmen, um unerlaubte Zugriffe auf das Netzwerk zu verhindern.

3. **Regelmäßige Updates und Patches**: Software, Betriebssysteme und Anwendungen sind regelmäßig auf Sicherheitsupdates und Patches zu überprüfen und aktualisieren.

4. **Physische Sicherheit:** Der physische Zugang zu Serverräumen und IT-Einrichtungen sollte eingeschränkt und überwacht werden, um unbefugte Zugänge zu verhindern.

5. **Datensicherung und Wiederherstellung**: Regelmäßige Backups minimieren im Falle eines Vorfalls die Gefahr eines Datenverlustes.

IT- Sicherheit, Datensicherheit und Datenschutz

IT-Sicherheit bezieht sich auf den Schutz von IT-Systemen und Netzwerken vor unautorisiertem Zugriff, Bedrohungen und Angriffen, um die Integrität, Verfügbarkeit und Vertraulichkeit von Daten und Diensten zu gewährleisten. Datensicherheit konzentriert sich auf den Schutz von Daten vor Verlust, Diebstahl oder unbefugtem Zugriff, unabhängig von der IT-Infrastruktur, in der sie gespeichert sind. Datenschutz hingegen betrifft die rechtliche und ethische Verpflichtung, personenbezogene Daten gemäß Datenschutzbestimmungen zu sammeln, zu verarbeiten und zu speichern, um die Privatsphäre und Rechte der Individuen zu wahren.

6. **Benutzerauthentifizierung und Zugriffskontrolle**: Sichere Passwortrichtlinien, Mehr-Faktor-Authentifizierung und Zugriffsberechtigungen sind erforderlich, damit nur autorisierte Benutzer auf Systeme und Daten zugreifen können.

7. **Verschlüsselung:** Sensible Daten sollten verschlüsselt werden, sowohl während der Übertragung als auch bei der Speicherung, um sicherzustellen, dass sie nicht in falsche Hände geraten.

8. **Virenschutz und Anti-Malware:** Aktuelle Antiviren- und Anti-Malware-Lösungen helfen, um Bedrohungen wie Viren, Trojaner und Malware abzuwehren.

9. **Notfallmaßnahmen und Reaktionsplan**: Ein Notfallreaktionsplan bereitet Sicherheitsvorfälle wie Datenlecks oder Angriffe angemessen vor.

10. **Schulungen:** Mitarbeiter sollten über Sicherheitsbewusstsein geschult werden, um Phishing-Angriffe, Social Engineering und andere Bedrohungen zu erkennen und zu vermeiden.

11. **Überwachung und Audit:** Kontinuierliche Überwachung der IT-Systeme und -Netzwerke sowie regelmäßige Sicherheitsaudits sind wichtig, um potenzielle Schwachstellen zu identifizieren und zu beheben.

Praxistipp

Unternehmen wie TÜV Süd, secunet, Rohde & Schwarz Cybersecurity und Allgeier CORE bieten umfassende IT-Sicherheitsdienstleistungen für unterschiedliche Branchen. Dienstleister wie Avira, G DATA, Avast und McAfee bieten Antivirensoftware, Firewall-Lösungen etc. Experten von ERNW, SySS und Cure53 bieten Penetrationstests und Sicherheitsprüfungen, um Schwachstellen in Systemen aufzudecken.

Lust auf mehr?

Sei kreativ!

Ideenfindung leicht gemacht
Anwendungs-Tipps zum Einsatz von Kreativitätstechniken dank Assoziationen, Spielen und Basteln, Analogien, dem Wechsel von Perspektiven, aber auch dem Überwinden eigener Dogmen. Ideen zu finden, macht Spaß und ist der Basis für Innovationen.

Sei konstruktiv!

Problemlösung möglich gemacht
Anwendungs-Tipps (wie das U-Boot- oder Virus-Prinzip) zum strukturierten und lösungsorientierten Überwinden von Hindernissen und dem erfolgreichen Umsetzen von neuen Ideen oder Vorgaben. Ob ein Problem erfolgreich gelöst wird oder nicht, hängt meist ganz alleine von uns und unserem Team ab.

Sei innovativ!

Neue Wege, neue Lösungen
Anwendungs-Tipps zum Innovationsmanagement und der Geschäfts-entwicklung in den Bereichen: Produkte, Prozesse und Geschäftsmodelle. Woher kommen Verbesserungen, Neuentwicklungen oder gar Disruptionen? Was ist nötig, damit aus Ideen erfolgreiche Innovationen werden?

Sei kompetitiv!

Wettbewerbsfähigkeit stärken
Anwendungs-Tipps zu den diversen Wettbewerbsstrategien, wie Dominanz, Differenzierung, Diversifikation, Disruption etc., mit ihren unterschiedlichen Strategietypen (wie Erfinder, Verkäufer, Retter, Markt- oder Kostenführer). Denn nur „Durchwurschteln" führt zu Preiswettbewerb und Existenzgefahr.

Sei digital!

Mehr Digitalisierung bitte!
Anwendungs-Tipps zu der Digitalisierung von Organisationen mit den Schwerpunkten: Vernetzung, Automatisierung, Datenmanagement, IT-Sicherheit, dem Blick auf neue Technologien (wie Blockchain, Metaversum, 3D Druck, Quantencomputing) sowie dem Aufruf zu einer digitalen Transformation.

Digital Business

Moderne Geschäftsmodelle
Anwendungs-Tipps zu digital-orientierten Geschäftsmodellen wie Netzwerk-, Service-, Daten-, Plattform-, Creator-, Token- und Meta-Ökonomie. Denn am Ende sind es immer Geschäftsmodelle, die den digitalen Wandel treiben. Und wer nicht aufpasst wird toxisch, schon aufgrund digitaler Disruptionen.

Strategie mit KI

Künstliche Intelligenz als strategischer Hebel
Anwendungs-Tipps zum Einsatz der künstlichen Intelligenz – sowie Business Intelligenz und gesamten Data Science - zur Steigerung der Wettbewerbs-fähigkeit. Wie unterstützt die KI moderne Geschäftsmodelle und eröffnet dadurch neue Wachstumsmöglichkeiten.

Sei erlebbar!

Marken in der modernen Welt
Markenbildung ist in der heutigen dynamischen Welt ein entscheidender Faktor für Unternehmen, um sich abzuheben, Vertrauen zu schaffen und langfristige Kundenbeziehungen aufzubauen, indem sie durch Geschichten oft eine größere Wirkung erzielen als durch reine Fakten.

In der Podcastreihe „KurzNachgedacht" denke ich monatlich über zentrale Themen der Unternehmensführung im digitalen Wandel nach - gelegentlich im Rahmen des Sonderformats „KurzNachgefragt" mit spannenden Experten.

Kurzweilig, praxisorientiert und inspirierend, betrachtet diese Podcastreihe die Schnittmenge aus innovativen (manchmal gar disruptiven) Geschäftsmodellen, modernen Führungsmodellen und digitalen Technologien. Viel Spaß beim Zuhören und Mitdenken. Mehr auch unter: www.KurzNachgedacht.com

... oder lass Dich von mir coachen

Prozesspromotor und Business Coach für nachhaltige strategische Ausrichtungen im digitalen Wandel: Mehrere Tausend
Teilnehmer von Strategie-/ Innovations-Projekten und Manage-
ment-Trainings überzeugte ich schon mit meiner praxisnahen,
methodisch ganzheitlichen und dynamischen Art und Weise.
Visions-, Strategie-, Innovations-, Digitalisierungs- und Trans-
formationsprozesse sind bei mir in besten Händen.

Besuche doch einfach meine Coachingseite unter www.dissel-
kamp.com/coaching, mit den drei verschiedenen Gruppen von
persönlichen Business Coachings für Individuen oder Teams:
Grundlagen-, Intensiv- und Profi-Coaching. Und wenn Du mehr
über meine Tätigkeiten als Dozent, Beirat oder Investor wissen
möchtest, dann besuche www.linkedin.com/in/disselkamp/.